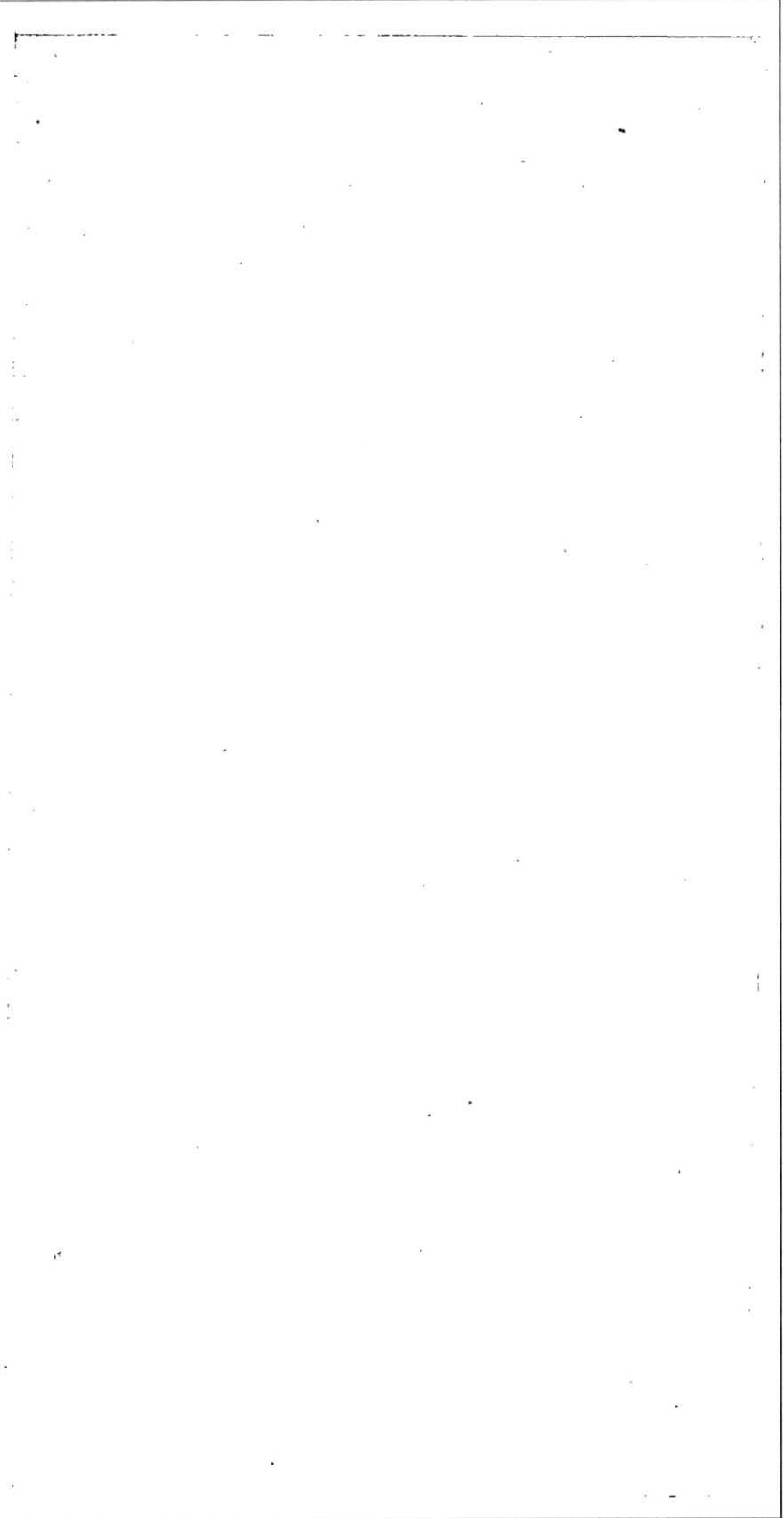

ÉLOGE FUNEBRE

DE

LOUIS XVI,

ROI DE FRANCE ET DE NAVARRE;

Prononcé à Londres, en préfence de plufieurs
Compagnies refpectables, le 27 Mars ; le 2,
le 11 & le 23 Avril 1793.

PAR M. LENOIR,

Profeſſeur de Langue & de Belles-Lettres Françoiſes.

———◆———

LONDRES.

1793.

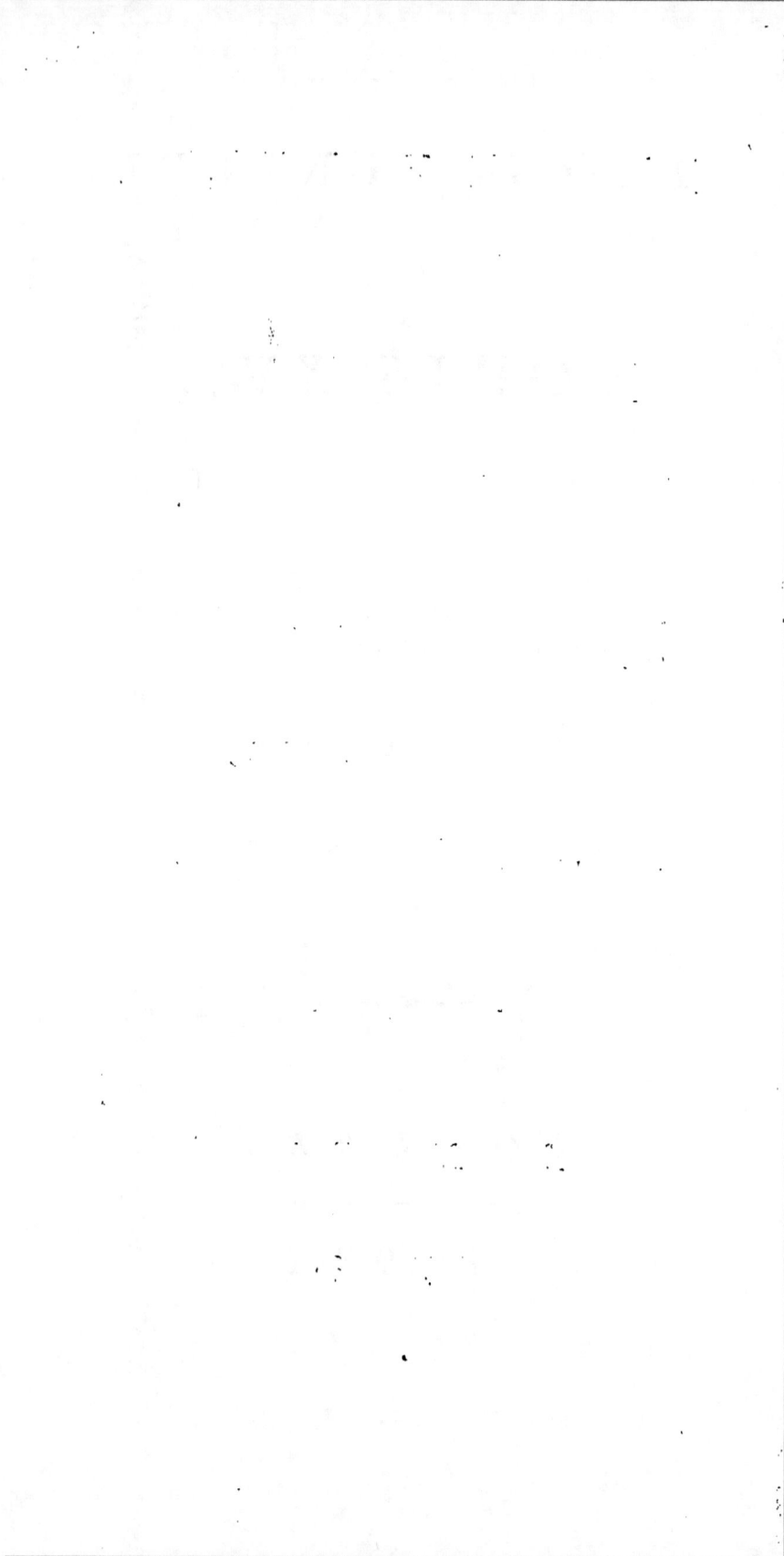

AVERTISSEMENT.

CE n'eſt point un deſir vain & ambitieux de fixer l'attention du public, ou de ſe ſingulariſer, en jettant quelques fleurs ſur la tombe du trop déplorable objet de cet éloge, qui a engagé l'auteur à le livrer à l'impreſſion. Car, dans le premier cas, il eût été retenu par l'inſuffiſance de ſes talens : & dans le ſecond, il eût regardé l'hommage qu'il rendoit à ce Monarque infortuné comme frivole ; des larmes de ſang étant le ſeul tribut que ſa mémoire doive attendre de tout Français qui ſouhaite échapper au ſoupçon, non-ſeulement d'avoir participé aux derniers excès, mais même d'y avoir applaudi. Il oſe donc eſpérer qu'on ne conſidérera pas la préſente publication comme une rétraction adroite, occaſionnée par le changement des circonſtances, & deſtinée à faire oublier d'anciennes erreurs. Graces au Ciel, il ne s'eſt jamais rangé parmi ces gens de bien, que le prétendu deſir d'améliorer la ſituation des races encore à naître, a rendus ſi indifférens ſur les calamités défolantes qu'ils ont attirées fur la génération actuelle.

Si donc on a eu quelque autre chofe en vue dans cet éloge, que de fe livrer au fentiment d'une douce commifération fur la deftinée cruelle du Prince le plus vertueux & le plus humain qui ait jamais rempli un trône, ce n'a été que de concourir, autant qu'on en avoit le pouvoir, au rétabliffement de cette harmonie fociale, à la déforganifation de laquelle la preffe n'a été emᵃ ployée derniérement que d'une manière trop conftante & trop efficace.

ÉLOGE

ÉLOGE FUNEBRE

DE

LOUIS XVI,

ROI DE FRANCE ET DE NAVARRE,

Messieurs,

Heureux l'orateur qui, en s'acquittant du trifte devoir de payer un jufte tribut de louange à l'homme vertueux dans la tombe, n'a point à craindre que le monument qu'il s'efforce d'élever à fa mémoire, en devienne un de honte éternelle, pour le pays qui l'a vu naître! Hélas! que font devenus ces torces lugubres, cet appareil funèbre, ces cérémonies auguftes & religieufes, à l'aide defquelles, la loyauté de nos aïeux tâchoit de foulager fa douleur, de la perte de nos Souverains? Ah! la voix confolatrice de la Religion eft muette; elle ne peut plus que gémir : mais quand l'impiété & l'athéifme ne l'auroient pas réduite à un affreux filence, elle ne pourroit aujourd'hui exprimer hautement fon regret, effrayée de la multitude des coupables, fur lefquels elle auroit à invoquer les vengeances céleftes, & de la quantité d'anathèmes qu'elle auroit à lancer. Lorfque je déplore l'abfence de cette pompe attendriffante, ne croyez pas que ce foit dans l'ef-

A

poir qu'elle pût ajouter à mon deuil ou au vôtre : mais femblable à ces enfans dégénérés, qui
s'efforcent de perdre le fentiment de leur baffeffe,
en rappellant le fouvenir de la gloire de leurs
pères, je voudrois alléger le poids de l'ignominie fous laquelle la tête des Français eft cour-
bée, par l'idée de leurs vertus paffées. Mais que
dis-je ? Elle ne peut qu'ajouter à notre opprobre :
c'eft éclairer l'univers, fur un problême, dont
la folution ne peut fe trouver, que dans la perverfité fpontanée de nos mœurs, & dans l'aban-
don volontaire de tous principes moraux & re-
ligieux. En effet, à quelle autre caufe attribuer la
fubite difparition de cet amour de nos Rois, &
juftement fous le règne de celui qui étoit le plus
digne d'en jouir ? Comment rendre compte autrement, de cette étrange & foudaine transforma-
tion, d'un peuple jufqu'alors renommé, pour fa
politeffe, fa douceur, fon humanité en une horde
de brigans & d'affaffins, violant tous les droits
de la terre & du Ciel ; & enfin, franchiffant toutes les limites du crime, au point d'emprunter
d'abord les formes de la juftice, & enfuite de
les braver avec une impudence fans exemple,
pour confommer le parricide le plus affreux &
le plus gratuit ? Ah ! du moins, puifque dans ces
jours de défolation, nous avons le bonheur de
pouvoir, fous la protection d'un peuple généreux, réclamer contre cet acte atroce, ne laiffons
pas échapper l'occafion de publier hautement
toute l'horreur qu'il nous infpire ; déplorons cette
infubordination criminelle, qui en fut le principe, & fi dans une heure malheureufe, quelqu'un
d'entre nous, feulement en penfée, avoit par-

tagé, cette foif d'un pouvoir illégitime, ou s'é-
toit laiffé féduire par le charme perfide de cette
anarchie qui déchire maintenant le fein de notre
miférable patrie, abjurons cette criminelle erreur :
fouvenons-nous à jamais, que c'eft elle qui amena
cette cataftrophe fanglante, & fit périr fous le
glaive des bourreaux, non-feulement le meilleur
de nos Rois, mais encore l'honneur du nom Français avec lui.

Quelle clarté funefte cette dernière penfée vient
de répandre fur mon travail ? O tâche périlleufe
& délicate ! je ne puis donc célébrer les vertus
du meilleur & du plus malheureux des Princes,
ni en préfenter la trop déplorable hiftoire au
monde, fans graver en même-tems, fur un airain immortel, celle des crimes de mon pays ?
L'alternative fans doute eft cruelle : mais quoi ?
parce que les coupables font fans nombre, fau-
dra-t-il donc priver la mémoire de l'innocent &
du jufte, des regrets & des hommages qui lui font
dus ? Loin de nous une femblable pufillanimité ;
l'équité n'admet point de compofition : il faut lui
tout immoler ; une nation, la patrie même : &
ce feroit vouloir participer à fes forfaits, que de
chercher à les pallier. Oui, duffé-je jamais augmen-
ter ces nombreufes victimes de leur loyauté,
mon attachement pour celui dont le pouvoir bienfaifant me fit contracter l'amour habituel de l'ordre, & le refpect des loix, ne fe foumettra jamais à un filence honteux. J'oferai lui prodiguer
mes larmes ; folliciter celles de tous les hommes
vertueux ; élever ma foible voix pour repouffer
les calomnies amoncelées fur fa tête augufte ; invoquer les vengeances de la terre & du Ciel fur

celle de fes meurtriers ; le préfenter à tous les peuples, comme un Souverain accompli ; & à tous les Princes comme un digne modèle, à qui il n'a manqué, que de favoir mettre des bornes à fa bonté. Je promenerai avec complaifance mes regards fur un règne commencé fous de fi heureux aufpices ; & promettant à la France une fuite de profpérités, dont elle feule pouvoit tarir la fource. Je montrerai un Roi jufte ; févère à lui-même ; indulgent à tous ; ami de l'ordre, ennemi du fafte & de la repréfentation : placé au milieu de toutes les grandeurs, fans jamais en abufer ; au-deffus de l'atteinte des paffions, quoique poffédant tous les moyens de les fatisfaire ; héfitant toujours à punir, jamais à pardonner : un Roi pour qui le trône n'avoit d'attrait, que parce qu'il lui offroit les moyens de travailler au bonheur des hommes ; & qui lorfqu'on lui fit entrevoir la poffibilité de l'abus, de cette puiffance fans borne à laquelle il étoit né, alla lui-même au - devant de toutes les reftrictions qu'il efpéroit devoir affurer la félicité publique : & lorfqu'au-lieu des refpects & de la reconnoiffance, dus à tant de facrifices, il ne reçoit qu'infulte & qu'outrage ; lorfqu'il eft traduit par des fujets ingrats & rébelles, devant un tribunal infolent, ne refpirant hautement que fa mort, incapable de démentir fon caractère, ou de fe plaindre, nous le verrons confondre fes accufateurs avec une affectueufe bonté : fouhaiter avec fa voix mourante, que fon fang puiffe cimenter la félicité de ce peuple cruel, & implorer pieufement fon pardon du Ciel : tel eft, Meffieurs, le tableau tragique & fublime que nous offrirons la

vie & la mort de très-excellent , très-outragé &
très-miféricordieux L o u i s feizième du nom ,
Roi de France & de Navarre.

P r e m i è r e   P a r t i e.

Quoique la conduite de Louis , dans les dernières circonftances de fa vie trop agitée , fût
fuffifante pour remplir cet éloge ; le portrait de
fon ame noble & généreufe , ne feroit que foiblement ébauché , fi je ne tâchois d'en faifir les
traits dans tout le cours de fa vie. Ce devoir eft
d'autant plus indifpenfable , dans ces tems cala-
miteux , que même parmi ceux qui gémiffent fur
fa cruelle deftinée , il pourroit fe trouver , quelques efprits , non totalement corrompus , mais
cependant affez ébranlés , pour entretenir encore
quelques doutes , fur les qualités excellentes de
ce malheureux Monarque. Sa réfignation patien-
te , pendant fa captivité ; fa préfence d'efprit , en
improvifant fa défenfe devant un tribunal fan-
guinaire , que malgré fon droit , la pureté de fes
intentions ne lui permit pas de récufer ; fes fentimens de générofité , & le courage héroïque &
pieux qu'il développa dans fes derniers inftans ,
pourroient , à de tels efprits , ne paroître que des
vertus néceffitées par l'ordre même irrévoquable
des chofes. Le fpectacle que nous avons fous les
yeux , tend trop à favorifer l'indigne fcepticifme
jetté , par les réformateurs du fiécle , fur l'exiftence de la vertu , pour lui abandonner le feul
exemple , qui , dans cet âge corrompu , puiffe
renverfer cette doctrine empoifonnée. A Dieu ne
plaife donc , que j'expofe celle du Roi , à paffer

A iij

pour le fimple réfultat ou des calculs d'un vain
orgueil, qui cherche à extorquer le refpeĉt des
autres, en affeĉtant de fe refpeĉter foi-même ; ou
d'une indigne pufillanimité, en proie aux ter-
reurs caufées par l'afpeĉt menaçant d'un trépas
infaillible. Sans doute, on me répondra, que
ceux qui fe livreroient à de femblables idées,
font indignes d'entendre la louange du Prince
que nous regrettons : & que c'eft leur faire grace, fi ne les confondant pas avec fes affaffins,
on fe contente de les abandonner, avec mépris,
à leur indigne manière de penfer. Mais, Meffieurs, quelque agréable que pût vous être mon
travail, je ne le regarderois que comme une tâche oifeufe, s'il fe bornoit à ne procurer à la
cendre de mon Roi, que les regrets de ceux qui,
comme moi, portent dans leurs cœurs la con-
viĉtion intime de fes précieufes qualités. Daignez
donc pardonner à ma confiance, moins fondée fur
mes foibles talens, que fur la force irréfiftible des
faits & des chofes, fi j'afpire à ramener quel-
ques-uns de ces efprits, qu'on n'a réuffi à égarer,
que parce qu'on leur a caché le principe pur &
noble d'où les vertus de LOUIS tiroient leur
origine.

Ah ! fans doute le crime eft confommé. Ma
foible voix ne peut, tout au plus, qu'exciter des
remords tardifs & impuiffans. Mais il n'eft pas
vengé : & fi j'étois affez heureux, pour faire paffer l'efprit qui m'anime, dans l'ame de quelques-
uns des fpeĉtateurs paffifs de cet aĉte impie, &
en accroître le nombre de fes vengeurs, mon travail ne feroit-il pas fuffifamment payé ? Oui,
Meffieurs, dans ce cas, je croirois, finon m'être

régénéré , du moins avoir foulagé ma tête , de la portion d'opprobre , qui m'eſt néceſſairement commune, avec tous ceux qui eurent le malheur de naître ſous ce ciel coupable.

Si les vertus perſonnelles de ce Socrates couronné, buvant la ciguë, offroient moins de ſujets de louanges ; & ſi la doctrine récemment diſféminée , ſur les avantages d'une grande naiſſance , avoit été reçue avec moins d'avidité , je pourrois m'arrêter ſur celle de LOUIS ; mais , même dans ce cas , quoique je vous montraſſe cette longue ſuite de ſes aïeux , rempliſſant avec gloire , depuis un tems immémorial , le premier trône du monde ; ce feroit abufer de votre patience. Comme l'illuſtre deſcendance de nos Rois ne peut être miſe en doute , elle n'a pas befoin d'être prouvée. Cependant pour ceux aux yeux de qui la gloire du père ajoute à celle du fils , lorſqu'il l'a foutenue ; il me convient peut-être de dire que LOUIS reçut ſes droits au trône , de ce refpectable Dauphin dont les vertus de toute eſpèce , lui méritèrent de la miféricorde divine d'être difpenſé de le remplir. Mais , ſi le Ciel fe montra ſi clément envers ce prince ; hélas ! quelle put donc être l'offenfe qui lui fit réferver à fon fecond fils , le Duc de Berri , le fardeau de cette couronne, que je ferois tenté d'appeler expiatoire , tant le poids en a été oppreſſif ſur fa tête ? Ne nous le diſſimulons point , Meſſieurs : ſi une Providence courroucée a pourſuivi le châtiment de quelques tranſgreſſions ſur cette tête auguſte , ce ne put être que des nôtres. C'eſt cet abus de nos avantages , cet orgueil infolent , qui nous faifoit nous croire fupérieurs à tous les autres peuples de l'univers, qu'elle a voulu punir en nous, & qui l'a faite ainſi nous ravaler, au-deſſous des peuplades les plus ſauvages. Une ſeconde fois, elle a voulu que le juſte ſuccombât, ſous l'attentat de toute une nation impie, afin que ſouillée du ſang innocent, elle devînt un grand & terrible exemple, des ſuites funeſtes qu'entraîne après elle la dépravation des mœurs. Ah ! du moins, puiſſe-t-il n'être pas inutile, & ſervir à nos contemporains, auſſi bien qu'à la poſtérité, pour les garantir à jamais, de la fatale envie de ſubſtituer les audacieuſes ſpéculations d'une arrogante philoſophie, à la place de la pratique des devoirs ! Il n'eſt que trop ordinaire à la malignité humaine, de rejetter les malheurs des Princes ſur le manque de talens : & peut-être d'impitoyables cenſeurs, plus jaloux de montrer la profondeur de leurs vues politiques, que leur ſenſibilité, feront-ils aſſez peu généreux pour attribuer ceux de LOUIS, à ſon ignorance des maximes du grand art des Rois. Si en effet, c'étoit le cas à ſon égard, ce ſeroit un malheur de plus ; & le blâme n'en pourroit être rejetté, ſans injuſtice, que ſur ſon extrême jeuneſſe, lorſqu'il perdit ſon auguſte père, & ſur l'eſprit d'intrigue qui préſida au choix de ceux à qui ſon éducation fut confiée. Mais ce qui eſt infiniment plus honorable à ſa mémoire, c'eſt que, quelque indignes qu'ils aient été d'un ſi haut emploi, leur inſouciance, en s'en acquittant, ne put étouffer les germes heureux de cette bonté de cœur, ni de cette droiture d'intentions, qui eût ſeule ſuffi au bonheur d'un peuple vertueux. Cependant, la ſolidité de ſon eſprit étoit telle, qu'il ſentît lui-même, que le rang auquel il étoit appellé, auroit exigé des lumières plus étendues que celles qu'il poffédoit. Il auroit donc voulu y fuppléer, ou même les acquérir : mais une foule d'obftacles, plus difficiles à furmonter que les paffions de la jeuneffe, qu'il n'a jamais connues, vint le traverfer dans une émulation fi louable. Le plus puiffant de tous, étoit la crainte d'offenfer un Monarque, d'autant plus jaloux de fon autorité, qu'il approchoit davantage de l'époque, où il faudroit la remettre dans les mains d'un fucceffeur.

· Hélas ! telle eft la malheureufe différence, qui diftingue le métier des Rois, des autres profeffions de la vie. Dans celles-ci, c'eft avec les frémiffemens d'une douce joie, que le père entend déclarer à fon fils, qu'il fe propofe de fuivre la carrière que lui-même a parcourue. De l'inftant de cette déclaration, il le prend pour fon élève; lui communique tous fes arcanes les plus fecrets. L'idée même de s'en voir furpaffer un jour, eft un nouveau triomphe pour fon cœur paternel. Il n'en eft pas de même de la fcience de gouverner les hommes. Ceux qui l'exercent voudroient ne jamais ceffer de la profeffer : & lorfque la nature vient mettre un terme à leurs travaux, il femble qu'ils voudroient emporter leur art, avec eux dans la tombe. Que telle ait été la difpofition de l'aïeul de LOUIS, c'eft ce qu'on feroit tenté de foupçonner, par l'éloignement où il le tint, des affaires & de fes confeils fecrets. Peut-être auffi le Prince & fes favoris redoutoient-ils la cenfure ingénue que l'héritier de la couronne, exempt de paffions, dans l'âge ou elles portent le plus grand défordre dans les fens, auroit eu occafion d'exercer fur des procédés & des mœurs affez peu févères.

Ce fut encore ce filence des paffions, & fur-tout de celle de l'amour, autant que les motifs de la politique, qui détermina cette Cour galante à donner au Prince une compagne. Car comme, dans le relâchement qui dominoit alors, il étoit demeuré impaffible, & même avoit dédaigneufement rejetté les agaceries de quelques beautés qui avoient afpiré à fubjuguer fon cœur, on crut qu'à tout prix, il falloit l'occuper, afin de diftraire fon efprit des voies de l'ambition. Les craintes entretenues à cet égard, étoient d'autant mieux fondées, qu'avec une ame moins pure, il auroit pu, en s'y engageant, caufer quelqu'inquiétude. Il exiftoit alors des germes de mécontentement, trop juftifiés par les excès de l'autorité : ils fembloient n'attendre que les foins d'un cultivateur; & ceux même, qui defiroient les voir fe développer, avoient déja porté leurs vues criminelles fur le Dauphin.

Ah! Meffieurs, que j'aime à pénétrer dans le cœur du Roi, expofé à ces tentations délicates! En vain les partis lui font-ils entendre leurs plaintes, & tâchent-ils même de furprendre fa fenfibilité, en lui peignant les mifères du peuple. Les déplorer dans un refpectueux filence; former la réfolution de les foulager, fi le Ciel le deftine à ceindre un jour fon front du facré diadème, eft tout ce qu'il peut; il eft fils, il eft fujet; & le motif fi fpécieux du bien puplic ne le peut difpenfer d'en remplir les devoirs, en donnant l'exemple de l'obéiffance & de la foumiffion la plus rigoureufe.

Quelle oppofition je pourrois faire à ce tableau, fi propre à fixer les regards des gens
vertueux ! Mais non; réfervons le monftre, qui
dans ce moment fe préfente à notre imagination, pour celui où nous ferons forcés de fouiller ce récit, de l'odieufe lifte des infâmes affaffins de notre augufte maître : & fi nous ne
pouvons échapper à l'affreufe néceffité d'en retracer le portrait hideux à la poftérité, ren-
voyons-le parmi les compagnons de fes crimes;
ce feroit un facrilège, que d'en faire un pendant à celui de mon Roi.

Il n'en eft pas ainfi de celui de fon Augufte
Epoufe. Il me femble même, que fa voix Royale
fe faffe entendre à mon ame, & me défende de
féparer de fon Eloge, la Princeffe infortunée &
courageufe, qui après fes fujets ingrats, fut la
plus chère paffion de fon cœur. Eh! comment,
en effet, auroit-il pu lui refufer ce tribut d'a-
mour ? La beauté, les graces, la majefté tem-
pérée par une douce & affectueufe condefcen-
dance; la fenfibilité de fon cœur à l'uniffon avec
celle du fien : la grandeur de fon caractère;
une égale difpofition à la bienfaifance, & à
foulager les malheureux, tant qu'elle en eut le
le pouvoir : tels étoient les principaux traits
qui caractérifoient l'Augufte MARIE ANTOI-
NETTE, & qui fembloient, en fixant le cœur
aimant de fon vertueux Epoux, devoir auffi
lui fubjuguer ceux de tous fes fujets. Mais ils
étoient paffés, ces jours de galanterie fentimen-
tale, où les François refpectoient la beauté. A
cette efpèce de culte, dont jadis elle avoit joui
parmi eux, avoit fuccédé la groffiiéreté des plus

licencieux defirs. Ah! dans quelque rang qu'elle
puifle être, malheur à celle pourvue de char-
mes propres à les infpirer! En vain fon élevation
la garantira-t-elle de l'injurieux foupçon
d'en agréer l'hommage. L'affreufe calomnie fe-
courue par la fotte crédulité faura bien imprimer un caractère de certitude à ce qui n'a pas
celui de la vraifemblance. A défaut d'autres
moyens, les plus légères démarches, même les
bienfaits, ferviront à accréditer les rapports les
plus abfurdes. Oh! combien la malheureufe Princeffe, qui donne lieu à ces triftes réflexions,
n'at-t-elle pas à en fouffrir de cette corruption
générale des ames! A peine ceux qui ont fu
s'en défendre, peuvent-ils conferver l'efpoir
de détruire l'odieufe prévention dont elle a été
l'objet, ou de faire entendre le langage de la
raifon. Eh, quoi, fi tous les cœurs n'étoient
pas pervertis, quoi de plus propre à les ramener aux fentimens d'un jufte refpect, pour une
Reine déchue du faîte de la grandeur, que cet
attachement inébranlable au fort d'un époux
dans le malheur; cet oubli de fa propre fu-
reté dans le tems même où elle étoit plus en
danger que celle du Roi; cette ame toujours
ferme au milieu des plus grands périls, & qui
n'a pu être affaiffée que par l'horrible cataftrophe que nous déplorons? L'habitude des volup-
tés énerve ceux qui s'y livrent : & jamais
femme capable de manquer à fes devoirs, adon-
née à toutes les efpèces de déréglemens, n'eut
eu le courage de fupporter tant de tribulations.
Ne nous étonnons pas que le Roi ait reffenti
une tendreffe fi vive pour la Reine, & con-

venons plutôt que fi elle affervit fi fouveraine-
ment fon ame, ce ne put être que par l'empire des vertus : mais je me renferme dans mon
fujet principal, l'Eloge du Roi.

Lorfque Louis monta fur le trône, il culti-
voit depuis quatre ans les fruits de fon augufte
hymen avec la fille des Céfars : de cet hymen célébré avec des réjouiffances fi éclatantes,
& accompagné d'un événement malheureux,
que les régicides n'ont pas rougi de reprocher
à fes mânes. Ils auroient cependant dû fe rappeller, ces cœurs féroces, que dès que la nouvelle du défaftre de la place de Louis XV par-
vint aux Illuftres époux, le Dauphin & la Dau-
phine ne fe contentèrent pas de témoigner une
affliction ftérile. Aux regrets les plus touchans,
ils ajoutèrent les largeffes plus abondantes : les
fecours & les confolations de toute efpèce furent induftrieufement diftribués, par-tout où
les dommages réels ou fimulés furent de nature
à admettre des réparations ; & leur bourfe, à
cette époque, fut totalement épuifée dans ces
actes de bienfaifance.

Cependant, lorfque Louis prit le timon des
affaires, il les trouva dans un délabrement qui
eût embarraffé les mains les plus habituées à tenir les rênes des Empires. Les peuples de toutes
parts n'offroient que le tableau de la mifere &
du découragement. Les finances étoient dans un
défordre affreux, occafionné par les fautes &
les malheurs du dernier règne. L'honneur na-
tional étoit auffi déchu au-dehors, que la dé-
treffe étoit grande au-dedans. Il avoit fallu,
pour conferver une ombre de crédit public,

recourir à des moyens honteux & exactoires, également deftructifs de ce même crédit. L'autorité étoit par-tout à la place des loix; les tribunaux, fans force & proftitués à de vils agens, avoient été privés des Magiftrats, qui jufqu'alors en avoient fait la gloire, par la fageffe & l'équité de leurs jugemens. Ces derniers avoient encouru la difgrace du Prince, par la vivacité de leurs remontrances fur les procédés violens d'un Miniftère habile, mais oppreffeur, & fur les conféquences dangereufes des abus du pouvoir arbitraire. Le Monarque irrité de cette réfiftance, s'étoit délivré pour jamais de toutes ces clameurs importunes, en dépouillant ceux qui en étoient les auteurs, de leurs fonctions, qu'il avoit remifes en des mains plus dociles à fes volontés. Cet ordre de chofes, fi propre à produire l'infurrection, fembloit néanmoins établi fans retour, & la Nation pour jamais affervie, tant les courages étoient affaiffés.

Combien n'eût-il pas dû plaire à un jeune Roi, qui eût placé fon unique grandeur dans le nombre & la foumiffion de fes efclaves! En effet, LOUIS ne pouvoit-il pas à cette époque recueillir tous les fruits du defpotifme le plus abfolu, exempt de l'odieux de l'avoir établi? Il ne s'agiffoit alors que de laiffer fubfifter ces nouvelles inftitutions. Mais non, Meffieurs; cet Empire eût été indigne d'un Prince qui, de tous les tems, s'étoit propofé les LOUIS XII & les HENRI IV pour modèle de fon regne; & qui même, en réalifant toutes les vues bienfaifantes de ce dernier, avoit formé la réfolution, fi étonnante à cet âge, d'éviter les foibleffes juftement reprochées au très-fragile ami du

grand SULLY. Le silence auquel les ennemis du
Roi, si industrieux à le perdre dans l'esprit des
peuples, ont été réduits sur la pureté de ses
mœurs, est une preuve combien il fut fidèle à
ce dernier engagement, ainsi que de la manière
dont il se fût acquitté de l'autre, si l'indocilité
de ses sujets ne l'eût traversé dans ses projets
régénérateurs. Mais voyons de quelle manière
il va user de sa puissance.

Ici, Messieurs, le tableau change : déja les ar-
tisans de la misère publique sont éconduits, ac-
cablés sous le poids de la disgrace royale, & d'un
mépris universel. L'autorité est remise en des
mains, sinon aussi habiles que les circonstances
l'auroient pu requérir, du moins réputées telles,
& sur-tout dont la pureté n'est nullement pro-
blématique. C'est la voix publique, l'opinion
générale, toujours consultées par LOUIS, qui a
désigné tous ceux qu'il s'associe. La réputation
d'intégrité, de bonnes mœurs, & sur-tout du
desir de faire le bien ; voilà les protecteurs aux
recommandations desquels le Roi défère. Ces nua-
ges sombres qui sembloient devoir à jamais obs-
curcir les noms des TERRAY, des MEAUPOU, des
LA VRILLIERE, des D'AIGUILLON, & qui les auroient entraînés avec eux dans un éternel oubli,
si nos excès postérieurs n'avoient fait regretter
leur administration vexatoire, sont dissipés par
l'éclat radieux, mais trop éphémère des noms de
TURGOT, de ST. GERMAIN, de VERGENNES,
de MIROMENIL.

Le tien aussi, sage & vertueux MALSHERBES,
vint alors brillanter notre aurore politique ; quelque resplendissant qu'il fût alors ; quelqu'assistance

que ton Roi reçut à cette époque de ton expérience & de ta fageffe, ah ! combien nous étions
éloignés de prévoir que tu duffes un jour le couvrir de la gloire immortelle que tu viens d'y ajouter ! En attendant les hommages que te doit la
poftérité, daigne accepter les nôtres, pour prix
de ce courageux dévouement avec lequel tu as
vainement défendu la tête de ton Roi malheureux, au hafard de la tienne propre, puiffe le
fer des affaffins la refpecter long-tems; & ou-
bliant de te décerner la couronne du martyre,
nous permettre d'ajouter chaque jour de nouvelles fleurs à celle de nos bénédictions !

Mais, Meffieurs, quelles feront les premières
paroles que le jeune Monarque fera entendre à
fes fujets? Hélas ! vous vous les rappellez, & déja
le fouvenir vous pénètre d'un doux attendriffe-
ment. Ce font des confolations affectueufes, des
proteftations d'amour, de ferventes prières adref-
fées au Ciel, l'invitant à guider fes confeils, à
fuppléer par fes graces à fon inexpérience ; nouveau Salomon, il demande la fageffe; non pour
en faire un vain étalage; mais pour la confacrer
au bonheur de fes peuples, de fes enfans, à la félicité defquels il veut fe livrer tout entier. Ne
croyez pas qu'il s'en tienne à des promeffes ftéri-
les : les fiennes feront toujours fuivies de l'effet
quand il ne les précédera pas. Un impôt antique,
plutôt offert qu'exigé, fous le nom de *joyeux
avénement*, eft remis d'abord, parce que le Roi fait
qu'il ajouteroit aux privations trop nombreufes
de ceux, fur qui il feroit perçu. La Magiftrature
d'alors, malgré la foumiffion habituelle à fes jugemens, étoit méprifable & méprifée. LOUIS
foupçonne

foupçonne qu'on foupire tout bas pour le rétabliffement des anciens difpenfateurs de la juftice ;
il n'ignoroit pas la caufe de leur difgrace ; il les
rend à leurs tribunaux ; & leur confervant le noble privilège de lui faire parvenir les juftes ré-
clamations de fes fujets, dans les cas où fon inexpérience ou fa religion furprifes pourroient blef-
fer de fi chers intérêts, il laifle dans leurs mains,
ces armes terribles, qui leur ferviront un jour à
renverfer fon trône.

Ainfi les premiers inftans du règne de Louis
furent employés à donner à fes peuples, non de
frivoles afiurances de fa follicitude paternelle, ou
de fon éloignement à aggraver les charges fous
lefquelles ils gémiſloient ; mais des gages, fi j'ofe
me fervir de l'expreffion, de fa fidélité à tenir fa
parole. Cependant, non content d'avoir rendu à
la nation cette puiffance prétendue intermédiaire,
entre elle & le Souverain, il promène fon regard
fur tout ce qui l'environne, afin de reconnoître
fi dans cet appareil pompeux, cru néceffaire jufqu'alors pour ajouter à la majefté du trône, il
ne pourra pas trouver quelques objets de réforme
économique, & en réduifant fes dépenfes perfonnelles, faire refluer de nouveaux fecours fur fes
fujets. Une maifon militaire également impofante
à tous les yeux, par fon afpect magnifique, &
par l'efprit de bravoure & de dévouement de
ceux qui la compofent, attire d'abord fon attention. Les fervices que fes ancêtres en ont reçus,
foit qu'ils l'oppofaffent aux ennemis extérieurs,
foit qu'ils l'employaffent à réprimer la fédition
lorfqu'elle effayoit de lever fon front audacieux,
font encore préfens à fa mémoire. Quel rempart

B

pour un defpote ! C'eft du milieu de ce retran-
chement inexpugnable , que fon aïeul fignifioit
fes ordres abfolus à un peuple immenfe ; & fi le
defefpoir infpiroit un moment le projet de réfifter, la vue de ces phalanges invincibles, frappoit
alors d'un falutaire effroi , & maintenoit la foumiffion. Combien une pareille force armée ne
devoit-elle pas compter fur la continuation de la
faveur de nos Rois ! puifque non-feulement elle
contribuoit à l'éclat de leur couronne ; mais que
même elle en faifoit la fûreté. Auffi l'idée de fa
fupreffion ne pouvoit-elle fe préfenter qu'à un
Roi patriote : qu'à un Roi affuré d'avoir mérité
la reconnoiffance publique & étouffé pour jamais
tous germes d'infurrection. Mais toute fondée que
fût cette confiance de LOUIS , par rapport à lui-
même, fa trifte expérience fervira fans doute de
leçon à tous les Rois à venir , & leur apprendra
qu'en vain ils s'appuient fur l'amour , fi en même tems il n'eft accompagné d'un certain degré
de terreur. Mais quels murmures s'élèvent autour
de moi , & femblent m'accufer de prêcher ici le
defpotifme ? Eh bien! j'ofe vous interpeller; ré-
pondez-moi ; fût-ce à des titres pareils , que ce
nom fi glorieux de *bien aimé* fût déféré ? Cependant quel Prince en fût jamais plus digne que
Louis XVI? Mais votre baffe flatterie l'avoit prof-
titué. Cependant quels élans d'une tendre reconnoiffance n'eût-il pas produit dans ce cœur fen-
fible? mais il n'appartint jamais aux Français de
fe laiffer guider par la droite raifon : nul milieu:
les extrêmes feuls peuvent leur convenir : encore s'ils fuffent reftés contens de décerner le
prix , fans fe mettre en peine s'il devoit jamais

être mérité, la légéreté d'une telle conduite eût
pu trouver son excuse dans une foibleffe refpectable & généreufe. Mais fe fouiller à plaifir
du fang d'un Roi fi bon, fi bienfaifant! ah! c'eft
une atrocité qui fait horreur, & dont la vengeance, quelque terrible qu'elle puiffe être, ref-
tera toujours au-deffous du forfait.

Quand je repaffe en mon efprit toutes les opérations qui furent les fuites de celles que je viens
de rapporter, je conçois à peine comment le cœur
d'un feul homme put fuffire à cet amour immenfe
de l'humanité. O vous, dont l'infolente philan-
tropie frappe de mort tout ce qu'elle embraffe,
& met l'homme aux prifes avec l'homme, ofez
comparer la vôtre avec celle de LOUIS! Comme
la fienne étoit vivifiante! Auffi, Meffieurs, crain-
drois-je moins d'épuifer la matière, que de fati-
guer votre patience, fi je me plongeois dans le
détail circonftancié de tous les actes bienfaifans
du Roi. Car, n'en doutez pas; il ne s'agiroit de
rien moins que de vous rendre compte de toutes
les heures, de toutes les minutes d'une vie, dont
je ferois tenté de ceffer de déplorer la durée trop
paffagère, tant la génération actuelle s'eft mon-
trée indigne d'en recueillir les fruits.

Contentons-nous donc de les confidérer en
maffe. C'eft à l'hiftoire à en faifir les particulari-
tés; & la vouloir prévenir feroit la dépouiller des
feuls moyens qui lui reftent de jetter quelque intérêt fur nos faftes dégoûtans, lorfqu'elle entre-
prendra de les tranfmettre aux races futures. Ah
combien nous leur paroîtrons criminels! Je m'y
tranfporte en imagination, & je les vois toutes
frémir d'horreur. Ne les entendez-vous pas s'é-

crier toutes enfemble ? Quoi ! nous ferions les
enfans de ces tigres à formes humaines ? Ah !
fans doute il y a une lacune dans l'hiftoire de
ces tems. Non ; nous ne pouvons defcendre d'une
race d'hommes fi pervers. Affurément un nouveau déluge, ou les carreaux d'un Ciel vengeur,
en les anéantiffant, nous dérobèrent la connoif-
fance de leur châtiment & de notre origine :
& fi le fouvenir de leurs forfaits eft paffé
jufques à nous, ce n'eft qu'afin qu'un falutaire
effroi nous préferve à jamais d'en commettre
de pareils.

Vous frémiffez d'avance, Meffieurs, fur la fé-
vérité de ce jugement. Mais fera-t-il donc au
pouvoir des âges futurs, d'en porter un autre,
lorfqu'ils pafferont en revue la longue hiftoire de
nos crimes & des vertus du Roi ? lorfque d'un
côté, ils verront fa piété, fa tendre inquiétude
fur le bonheur de fes peuples ; fes foins & fes
veilles prodigués pour relever leur courage abat-
tu ; fes efforts incroyables pour ranimer l'induftrie languiffante, & faire de la félicité intérieure
la mefure du refpeƈt rendu à fes fujets au-dehors :
pouvez-vous douter qu'ils ne recherchent auffi
quelle aura été la récompenfe décernée à tant de
pénibles travaux ? & qu'alors s'indignant de plus
en plus, (car, j'aime à le croire, ils ne nous en-
vieront point notre fermeté ftoïque dans la froide
contemplation des plus coupables excès) ils ne
continuent leurs trop juftes exclamations, & ne
fe difent entre eux : les voilà donc ces hommes
fanguinaires qui rempliffoient leurs livres & leurs
difcours, des noms facrés de la vertu & de l'humanité ! & c'eft par de femblables infultes, par

de tels raffinemens de cruauté impie & facrilège, qu'ils ont repayé les foins d'un père fi tendre ? Ainfi fon empreffement à apprécier tous les genres de mérite, à éveiller toutes les efpèces d'émulation ; à ouvrir mille fources de richeffes jufqu'alors inconnues ; à foulager toutes les mifères publiques ou privées ; à multiplier des afyles commodes pour accueillir la vieilleffe & l'infirmité indigentes ; fa magnificerce à encourager le favoir, les arts & le génie; tant de qualités vraiment royales n'ont donc laiffé que de l'ingratitude dans tous les cœurs de cette génération déteftable ?

Qui auroit pu le blâmer, fi dégouté de fes effais malheureux, il eût rallenti fon activité, & renoncé à la régénération de fon pays ? Ah ! ne croyez pas qu'il puiffe s'y réfoudre. Des peuplades immenfes au-delà des mers n'avoient été comptées ci-devant parmi les parties intégrantes de l'Empire, qu'en raifon des contributions qu'on en avoit tirées pour acquitter fes charges : du refte leur profpérité intérieure jufqu'alors avoit été affez indifférente. LOUIS les arrache à l'anarchie par un fyftême de légiflation, qui met l'ordre à la place de l'ufurpation & du pouvoir. Sa maifon civile devient à fon tour l'objet de fes réformes économiques. La perception des fubfides eft rendue plus fimple, plus facile, plus égale ; le crédit & la confiance ont déja repris leur équilibre, tant la probité du Roi a fait une impreffion profonde fur tous les efprits.

A ces actes de prudence fe joignent d'autres actes de juftice non moins intéreffans. La refponfabilité folidaire des contribuables pour couvrir les

B iij

non-valeurs dans les contributions eſt ſupprimée, comme inique & vexatoire. La ſervitude perſonnelle & le droit de main-morte ſont anéantis dans les domaines royaux , & les propriétaires de ce privilège odieux ſont tendrement invités à ſuivre cet exemple. Des aſſemblées provinciales ſont organiſées à l'effet de préſider à une réparation plus équitable, à une perception & un verſement moins diſpendieux; comme auſſi pour veiller à la réparation des chemins & à l'entretien des canaux & des édifices publics de leurs arrondiſſemens.

Après la ſtricte juſtice vient la miſéricorde; & cette vertu ne peut être étrangère au cœur de Louis. Déja il inſpecte les aſyles hoſpitaliers ouverts par la charité à l'humanité ſouffrante , & travaille par d'heureuſes améliorations à les ramener à l'eſprit de leur inſtitution primitive, en corrigeant les abus. Il en ouvre même de nouveaux & anime les plus aiſés de ſes ſujets à ſuivre ſon exemple. Mais ſon amour des hommes ne ſauroit connoître de limites ; après avoir ſoulagé l'honnête indigence , il deſcend juſques dans les retraites où une juſtice ſévère renferme ſes victimes. D'abord il ordonne la ſéparation du débiteur inſolvable d'avec l'infracteur criminel des loix. Ce dernier même a part à ſa pitié : il veut qu'on lui rende ſa ſituation plus ſupportable, qu'on épure l'air qu'il reſpire , & défend qu'à l'avenir on ajoute à la rigueur de ſon deſtin, par ces tortures préparatoires que la cruauté des ſiécles barbares avoit établies. Quelle ſatisfaction pour ſon cœur Royal, s'il pouvoit lui rendre ſon innocence! Mais du moins il aura adouci ſon fort; quels efforts n'a-t-il pas fait encore pour anéantir ce préjugé barbare qui reportoit fur toute la famille du coupable l'ignominie qui lui devoir être perfonnelle, & même qui auroit dû expirer avec lui ? Mais ici, comme dans tant d'autres cas, le malheur qui le pourfuivit a rendu un defir fi louable inutile, malgré la juftice par laquelle il étoit infpiré.

Ne fut-ce pas à cette foif démefurée de faire le bien qu'on doit attribuer cette attention à recueil-lir, à difcuter, à méditer tous les projets ? N'eft-ce pas encore elle qui occafionna ces nombreux changemens dans le Miniftère, & foumit les plus purs motifs au reproche d'une inconftante & pué-rile légéreté ? Mais telle étoit là déférence que LOUIS avoit pour cette prétendue voix de Dieu, celle du peuple, que nonobftant que tous ceux qu'il appella dans fes confeils lui fuffent indiqués par elle, le feul moyen de s'y maintenir étoit de conferver l'eftime publique, de laquelle feule, la fienne étoit le prix. C'eft par ce prinripe, fi pur, quoiqu'accompagné de conféquences fi funeftes, qu'on a vu fucceffivement les Economiftes, les Philofophes, & tous les autres novateurs, ébran-ler les fondemens de l'Empire par leur empirifme politique; & ainfi cette défiance fi modefte & fi louable, que le Roi entretint de fes propres lu-mières en les foumettant toujours volontiers à celle des autres, au-lieu d'opérer la régénération de l'Etat, grace à la perverfité des peuples, n'a fervi qu'à précipiter la chûte de ce Prince infortu-né, lorfqu'il faifoit tout, lui-même, pour em-pêcher celle de l'Etat.

Ici, Meffieurs, fi quelque chofe autre que la

B iv

pureté des intentions du Roi pouvoit exciter notre étonnement, ce feroit cette malheureuse &
conftante fatalité qui l'a toujours pourfuivi,
comme fi elle fe fût fait un plaifir cruel de les
fruftrer. En effet ; comment dans cette longue
fucceffion de fpéculateurs politiques, prefque
toujours introduits par une popularité fi bruyan-
te, ne s'en eft-il pas trouvé un feul capable d'arrêter cette décadence fi déplorable ? Ah! quoique
ce phénomène, à la première vue femble étrange,
il eft cependant facile à expliquer. Et c'eft dans
l'égoïfme dont tous les rangs étoient déja infec-
tés qu'il en faut chercher l'explication. Comme
tous les prôneurs, dont la voix individuelle for-
moit la maffe de l'opinion publique, n'étoient
mus que par leur propre intérêt, celui qui la
fixoit fur lui, pour le moment, ne s'occupoit à
fon tour que du fien, & le Roi fe trouvoit préci-
fément égaré par ce qui auroit dû produire un effet tout contraire. Lui feul brûloit de la foif ar-
dente du bien général; & chacun de fes coopérateurs pourfuivoit fon bien particulier. De là cette
foule d'opérations, fe fuccédant avec tant de ra-
pidité, toutes annoncées avec l'emphafe la plus
impudente, & découvrant à chaque pas, la per-
fidie ou la ftupidité de leurs auteurs.

Mais de toutes les erreurs où le Monarque fut
entraîné par fes confeillers ineptes, la plus fatale
dans fes fuites, fut, fans doute, fon intervention
tion dans la querelle entre les Américains rebelles
& leur mère patrie. En effet, les dépenfes d'hommes & d'argent dont il fallut foutenir cette démarche impolitique, briferent bientôt cet équilibre,
entre les recettes & les dépenfes, que l'économie

perfonnelle du Roi avoit en quelque forte rétabli :
ce mal néanmoins, quelque redoutable qu'il pût
être à un état récemment arraché , par les efforts
du Roi, à l'infolvabilité, fut accompagné d'un
plus grand. La découverte de Chriftophe Colomb
ajouta de nouvelles calamités à celles qu'elle
avoit déja attirées fur l'ancien monde ; & comme
fi les Français étoient deftinés à fervir de conducteurs à toutes les émanations impures dont cet
hémifphère abonde, ils en rapportèrent les germes
peftilentiels d'une abfurde liberté , qui fe mêlant
à leur humeur toujours effervefcente, devoit avec
le tems porter l'infection la plus défolante à tra-
vers toute la malheureufe Europe. Ombre augufte
& chère, pardonne à ton Panégyrifte, fi le tableau des maux paffés, & la crainte de ceux qui
menacent de les fuivre, lui font déplorer cet unique écart des voies de la juftice ! Ah puiffent les
ambitieux qui fe firent un jeu cruel d'égarer la
tienne, pour la faire fervir à leur vaine gloire,
au-lieu d'obtenir cette renommée fi chère à leur
cœur, devenir à jamais les juftes objets d'un opprobre éternel ! Sans leur confeils perfides, au-lieu
de ce tribut de larmes auffi inutiles qu'amères, tu
jouirois encore de celui de notre amour : l'impunité de ces enfans ingrats n'eût point fervi d'en-
couragemens à la rebellion plus criminelle des
tiens ; & tes tréfors ménagés & groffis des épar-
gnes de ta frugalité, n'euffent jamais fourni à tes
peuples le prétexte de s'élever contre toi.

Mais , Meffieurs , ceffons d'accufer la prudence
ou la juftice du Roi. Déplorons plutôt ce fatal
afcendant qui l'a rendu le jouet des petites vues
de ceux dont il s'eft toujours entouré. Si un

fujet fi trifte ne maîtrifoit nos ames, quelles le-
çons ne pourrions nous pas retirer de la frivolité
de tous ces vains projets, enfans d'une ambition
déréglée ? Quelle inftruction de voir l'écroule-
ment de toutes ces réputations, au premier regard
fi brillantes, mais dont l'édifice impofteur ne re-
pofoit que fur le fable ! Ici nos yeux feroient frap-
pés de ces lauriers prétendus immortels de la plupart de nos guerriers, déja flétris, & ne confervant un refte de verdure qu'à leurs yeux abufés.
Là ces renommées coloffales de nos hommes d'E-
tat, après nous avoir ébloui d'un éclat momen-
tané, s'abymeroient tout-à-coup, ne laiffant après
elles d'autres monumens que les fuites défaftreufes
de leurs fyftêmes. D'un côté, je vous montrerois
cet homme fi fameux pour la profondeur fuppo-
fée de fa politique, mourant juftement quelques
mois avant fa réputation; & de l'autre ce pré-
fomptueux Génevois furvivant à la fienne, & au
Souverain qui l'a tiré de fon obfcurité, comme fi
la Providence, pour le punir dès ici-bas, le vouloit livrer aux cruels remords, que doivent lui
caufer les affreufes conféquences de fon incapacité. Mais, Meffieurs, je m'arrête. Il peut m'être
permis de mêler mes regrets aux vôtres, mais non
d'afpirer à vous inftruire. Je me hâte donc de ren-
trer dans la carrière qui me refte à parcourir; &
après vous avoir montré le Roi dans cet état, qui
d'abord fut appellé profpérité, mais dans le vrai,
qui n'étoit que la préparation de fes revers, il me
refte à le contempler, courbé fous le poids de l'infortune, donnant au monde l'exemple d'un nouveau genre de grandeur, qu'il n'appartenoit
qu'aux fiècles les plus barbares, & aux peuples

les plus féroces, de lui donner occasion de développer.

SECONDE PARTIE.

Lorsque mon esprit se fixe d'avance sur la chaîne
des événemens inouïs qui me restent à retracer, je
ne puis me défendre d'un sentiment de trouble, qui
me glace d'effroi, & porte le désordre & la confusion dans toutes mes idées. Venez toutes à mon
secours, vertus éclatantes de mon Roi, & guidez
ma marche chancelante & découragée dans le labyrinthe de forfaits que je vais parcourir. Ah!
fourniffez-moi les couleurs affreuses propres à
peindre ces maffes énormes de crimes, & à dif-
tinguer tous ces attentats privés qui doivent former le fond de cet effrayant tableau! Hélas! la
parole, cette faculté jufqu'ici trouvée suffisante
à la représentation des idées les plus abstraites,
ne sauroit nous fournir des termes capables de
caractérifer, ni même de définir foiblement les
excès coupables dont ces derniers tems ont été
souillés. Eh! comment le langage humain pour-
roit-il rendre ce que l'esprit ne peut concevoir?

N'attendez donc pas, Messieurs, que je m'at-
tache à conserver une méthode progreffive dans
la suite de ce récit : ce seroit prescrire l'ordre au
chaos. En effet, sous quelle ordonnance régulière
affujettir ces groupes de Ministres ineptes ou perfides, & quelquefois tous les deux ensemble?
Quel rang affigner à ces courtifans ingrats, com-
blés des bienfaits du Prince, & se jettant à corps
perdus dans la rebellion, parce qu'ils croient entrevoir l'inftant où il n'aura plus de graces à ré-

pandre fur eux ? Quels noms affez infamans peuvent imprimer une jufte flétriffure fur ces lâches
grands Officiers de la Couronne, fi intéreffés à en
protéger la fplendeur, ou fur ces Magiftrats avi-
liffant la Magiftrature fuprême & la leur, par
leur promptitude & leur opiniâtreté à organifer
la fédition? En vain je voudrois détourner mes
regards de ces objets hideux, pour les porter fur
d'autres plus confolans. D'un côté, je vois une
foule de Nobles, pufillanimes & lâches défer-
teurs du Roi, qui devroit être leur centre, traîtres
à leur ordre, à leur poftérité, à eux-même; d'un
autre, de facrilèges Miniftres des autels, les pro-
fanant par toutes fortes de licences, & les livrant
enfuite à toutes les infultes & au pillage des impies. Ici c'eft la tourbe avide des gens de lettres,
qui, après les avoir déshonorées, par les plus viles
adulations, pendant la profpérité de leurs maî-
tres, s'empreffent de quitter le repos des mufes,
pour attifer le foyer des diffentions civiles & s'y
élancer; puis, fe difputent enfuite, à qui dirigera
de plus fanglans outrages fur ces malheureufes
victimes de la fortune, parce qu'ils n'ont plus
rien à en appréhender ni à en attendre. Là c'eft
une vile populace ne refpirant que pour les attentats. Hommes, femmes, enfans, l'âge & la
jeuneffe, tout eft animé d'un même efprit. Par-
tout domine une égale foif du crime; & fi par intervalle une forte d'obéïffance & de difcipline
femble fe rétablir, ce n'eft que pour méditer plus
tranquillement par quelles nouvelles atrocités ils
pourront furpaffer les atrocités précédentes : en-
vain les vertus du Roi, fa douceur, fa patience,
fa magnanimité, s'offrent-elles pour éclaircir un

peu le fond ténébreux de ce tableau. Son fang à la fin répandu, y jette une teinte révoltante qui dans tout autre tems auroit porté l'épouvante & l'effroi dans l'ame des fcélérats les plus endurcis. Mais grace au nouvel ordre des chofes, la douce humanité, n'eft plus qu'un vain mot, devenu le figne du ralliement pour exciter au maffacre : le refpeft de tout ce qui fut vénérable & facré eft devenu haute trahifon, & ce n'eft qu'à la faveur de l'exil, & au milieu d'une terre étrangère, que les gens de bien peuvent témoigner leur horreur du plus odieux des attentats : mais effayons de nous plonger dans cet abyme d'iniquités.

Nous avons déja fait entrevoir quel rapport notre malheureufe intervention dans la guerre d'Amérique avoit avec notre fituation actuelle. Dût-on nous reprocher la répétition, ce point eft trop effentiel, par fon influence fur les événemens qui ont fuivi, pour n'attacher que légérement notre vue. Les économies rigoureufes du Roi, fon averfion pour le luxe, de la fuppreffion duquel il donna lui-même l'exemple, fes réformes dans fes dépenfes perfonnelles, ainfi que dans toutes les branches de l'adminiftration, jointes aux diverfes améliorations qu'il y avoit introduites, avoient rétabli une forte d'équilibre dans le département des finances. Le crédit public anéanti, par les prodigalités de l'ancienne Cour, & par les délapidations des adminiftrateurs, avoit repris une certaine vie : & le Roi, jufqu'alors s'étoit vu en état de faire face aux engagemens que fa probité lui avoit fait contracter, lorfqu'en montant fur le trône il prit fur lui tous ceux de fes ancêtres, fans avoir befoin d'ajouter au poids

des charges publiques. Mais ces diverses ressources, toutes suffisantes qu'elles eussent été, pour
calmer les inquiétudes du créancier toujours avide, & lui payer avec une rigoureuse exactitude
l'intérêt de sa créance, n'avoient cependant pu
tellement remplir le trésor, qu'il offrit les moyens
de satisfaire aux dépenses énormes d'une guerre
maritime, d'après l'anéantissement absolu de nos
forces navales, suite de la guerre précédente. Il
n'y avoit donc d'autres voies d'alimenter les efforts énormes qu'il fallut faire à cette époque
pour opposer à nos ennemis une marine redoutable & créée tout-à-coup, comme par enchan-
tement, que celle des impositions ou des em-
prunts. La première répugnoit au cœur du Roi,
toujours occupé du soulagement du peuple, &
nous ne doutons pas qu'il n'eût rejetté pour jamais les intentions belliqueuses qu'on lui avoit
inspirées, si en même-tems on ne lui eût montré
la possibilité de les satisfaire autrement. Quant à
la seconde, si facile à mettre en œuvre, par la
fidélité reconnue du Roi & la confiance qu'elle
avoit inspirée, elle présentoit une foule d'incon-
véniens qu'on n'eut garde de lui laisser entrevoir.
Car en dernière analyse, elle nécessitoit non-seu-
lement la première pour en assurer le gage, mais
elle mettoit encore à la discrétion du prêteur ;
opération d'autant plus imprudente, qu'en finances ainsi qu'en méchanique, la multiplicité des
moyens tendans à un même but diminue leurs
forces respectives. Ah ! si au-lieu d'aveugler le
Roi, par ces fantômes de gloire qu'on lui mit
alors devant les yeux ; par ces titres magnifiques
de restaurateur de la liberté des mers & du nou-

veau monde ; par la prétendue politique de pro-
fiter des embarras d'une puiſſance rivale, pour
rédimer ſes peuples de quelques clauſes, humi-
liantes à la vérité , mais finalement acceptées
comme le prix de la paix ; ſi, dis-je, on n'eût
égaré ſa juſtice & trompé ſes vues bienfaiſantes
par tous les moyens imaginables , ne croyez pas,
Meſſieurs , qu'il eût jamais adopté des meſures
dont le réſultat l'eût du réduire à la néceſſité de
harraſſer ſes peuples. Mais il étoit arrêté , par
une providence ſévère , que cette violation de la
foi des traités , trop ſévérement punie ſur celui
qui y prêta ſon nom , devoit être à la fois le
principe d'un opprobre ineffaçable pour la nation
qui la commit , & d'un honneur immortel, pour
celle contre qui l'idée en fut conçue. O trop
heureuſe Albion ! jouis maintenant des vertus de
tes enfans. Ils pourront retrouver mes compatriotes dans les champs du carnage. Mais leur noble
oubli de cette dernière injure, leur généreuſe hof-
pitalité, & ſur-tout le deuil compatiſſant dont ils
ont honoré la cendre de mon Roi, leur aſſurent
pour jamais la poſſeſſion de ceux de la gloire :
& comme ils forment le plus vertueux , il eſt
bien juſte, qu'il ſoient auſſi le premier peuple du
monde.

Ce qui contribua encore à entretenir la ſécu-
rité du Roi, fut la jactance inſolente de cet arith-
méticien Génevois , tiré par une fortune incroyable de la pouſſière des plus bas emplois dans les
repaires de l'agiotage, & parvenu au poſte le
plus important de l'Empire. La farouche ſévé-
rité de mœurs ; la réputation de probité & de
talens de cet homme auſſi préſomptueux qu'in-

habile ; & plus encore ce compte infidèle & tant préconisé, par lequel il en imposa au Monarque & à la France, infpirèrent une confiance qui fut alors partagée par les calculateurs les plus verfés dans ces matières. L'effet de ce Roman de finance, quoiqu'affoibli dans la fuite fur ces efprits, qui, après la première furprife l'examinèrent plus à loifir, répondit cependant, en partie à fon attente. Car comme il méditoit dès-lors, en cas de difgrace, de mettre le peuple entre le Roi & lui, des deux moyens ci-deffus indiqués, il employa le plus ruineux, & ainfi il accrut cette popularité dont il s'eft toujours montré fi avide, & qu'il a cherché à fe procurer par tous les moyens poffibles. A l'avantage qu'il retira de cet expédient deftructeur, il s'en joignoit encore un autre ; celui d'avoir l'occafion de fe dédommager, par fes prépofés, du défintéreffement faftueux avec lequel il affecta de refufer le traitement attaché à fon emploi.

Oui, Meffieurs, fi au-lieu de déplorer la mort du malheureux Monarque enlevé à nos regrets, notre objet étoit d'en rechercher le premier auteur, je vous dirois, je le tiens : non ce n'eft pas l'abominable braffeur SANTERRE ; ce n'eft pas D'ORLÉANS, mille fois plus infâme encore ; c'eft NECKER ; voilà le premier de tous les régicides ; voilà le premier affaffin du Roi bienfaifant, qui l'arracha à fon infignifiante obfcurité, & qui en l'approchant de fon augufte perfonne, n'a fait que réchauffer un ferpent dans fon fein. En vain cherche-t-il, par fes péfantes lamentations fur l'aviliffement du pouvoir monarchique, & fur la procédure intentée contre fon bienfaiteur, à
échapper

échapper à l'indignation du sujet vertueux, qui lui redemande son maître. Ah! s'il vouloit n'encourir que le reproche d'incapacité, il n'étoit pas question de tâcher d'égarer le jugement de la postérité : en apprenant les suites fatales de son odieuse administration, il falloit mourir de douleur. Mais faisons trève un moment à notre indignation contre sa personne, pour ne considérer que ses opérations désastreuses.

Déja toutes ses petites ressources sont épuisées : le prêteur revenu de son premier enthousiasme commence à se demander sur quel gage il appuie sa confiance ; & comme celui qui la sollicite n'a plus le charme de la nouveauté, il ajoute une serrure de plus à son coffre fort. Le Midas Génevois touchoit donc au moment où sa prétendue faculté de tout convertir en or, alloit être revoquée en doute. Sa mauvaise foi & son impéritie alloient se révéler à l'univers, & une juste disgrace en être la suite, lorsque sa rudesse envers ses supérieurs en accéléra le moment. Avant que la France fût pleinement désabusée, & le faisant considérer comme victime d'une intrigue de cour, elle jetta sur lui un nouvel intérêt, & lui fournit, pour la suite, une occasion de consommer finalement la ruine de l'Empire qu'il avoit si bien préparée.

Cependant l'embarras, où il avoit laissé les affaires, étoit tel que son successeur, après une gestion aussi courte qu'infructueuse, laissa ses fonctions à un nouvel administrateur. Celui-ci étoit peut-être le seul capable de réparer le désordre. Politique habile, d'une imagination féconde en ressources, hardi dans ses moyens, il

C

ne lui manqua qu'un maître affez inflexible pour ne fe point laiffer ébranler fur leur apparence oppreffive, & le foutenir de toute fa puiffance, tandis qu'il en pourfuivoit l'exécution. C'eft au manque de ces qualités dans LOUIS XVI, tant accufé de tyrannie, qu'il faut attribuer cette première convocation des Notables, trop dignes, en effet, pour la plupart, d'être à jamais notés d'infamie, pour avoir femé les premiers germes de l'infurrection, bientôt après cultivés par les Parlemens, & enfin amenés à une pleine maturité par tous les ordres réunis. Les plans propofés par l'adminiftrateur furent néanmoins en partie adoptés ; mais comme la conduite en fut remife en d'autres mains, leur inhabileté les rendit abortifs. De cet inftant la licence ne connut plus de bornes. Elle parla cependant encore par fois le langage refpectueux de la foumiffion : mais ce n'étoit que pour établir un contrafte plus frappant, entre la révérence fimulée des difcours, & l'audacieufe témérité des actions. Quelque heureux que fuffent les fuccès des chefs encore cachés de l'infurrection, ils n'ofèrent néanmoins diriger leurs coups immédiatement contre la perfonne du Roi. Ils s'effayèrent d'abord contre les Miniftres ; puis graduellement la Reine devint l'objet de leurs attaques. Ses amitiés, fes amufemens, fes difcours, tout, jufqu'à fes bienfaits, devint l'objet de leurs calomnies.

Difpenfez-moi, Meffieurs, d'entrer dans l'énumération dégoûtante de toutes ces petites infultes, faites à la Majefté, qui ne mériteroient que le plus fouverain mépris, fi, par l'impunité, elles n'avoient frayé la route à de plus grands attentats.

En effet, il fembloit que rien ne pouvoit faire fortir le Roi de fa bonté ou de fa modération naturelle. Entreprenoit-il de réprimer ces excès par quelque châtiment, il étoit fi léger , qu'il devenoit un attrait de plus pour d'autres coupables, par la petite réputation de courage , que ceux qui en avoient été les objets rapportoient bientôt dans la fociété. La feule chofe qui pût arracher le Roi par moment à fon indulgence habituelle, fut le chagrin de fe voir fans ceffe traverfé, dans fon defir de faire le bien. Placé entre l'impoffibilité de fatisfaire aux engagemens qu'on lui avoit fait contracter , pour foutenir le chimérique honneur de la nation , & la néceffité d'en rechercher les moyens dans l'oppreffion de la claffe la plus nombreufe & la plus indigente de fes fujets; après avoir épuifé toutes les voies de la perfuafion , & développé à plufieurs reprifes fon autorité , rendue vaine par fa facilité à en fufpendre l'effet , il voulut encore effayer fi fa voix paternelle , entendue au milieu de l'appareil du pouvoir , avoit enfin perdu toute influence fur le cœur de fes fujets.

Tentative infructueufe & funefte ! Quel fombre nuage, Meffieurs, eft venu troubler , tout-à-coup, la férénité de ce jour deftiné par LOUIS à rétablir l'accord entre lui & fon peuple? Quoi! cette féance Royale , confacrée à une amicale difcuffion de fes motifs , & dont le réfultat doit raffermir les bafes de l'Empire chancelant; cette féance où un père entre en pourparler , avec fes enfans & juftifie la pureté, l'innocence de fes procédés devant une bande d'intrus , s'arrogeant avec fierté le droit d'intervenir entre lui & fes

fujets, va donc devenir la malheureufe époque
initiative des plus affreufes calamités? C'eft-là que
LOUIS va rencontrer, dans fon propre fang, le
plus vil, le plus abject, le plus infâme, mais
auffi le plus redoutable de fes ennemis. O jour à
jamais déplorable dans nos faftes, fi d'autres pré-
parés par toi ne devoient l'être plus encore! c'eft
toi qui donnas une exiftence politique à ce rep-
tile immonde, qui jufqu'alors n'en avoit connu
d'autre que celle dont il jouiffoit dans les fentines
infectes des débauches les plus crapuleufes. C'eft
fon fouffle empoifonné qui va convertir en un
déluge de maux, tous les biens que tu devois
faire éclore. En vain la voix franche & perfua-
five du Roi a-t-elle rangé momentanément les
plus ardens inftigateurs de la défobéiffance, dans
les bornes du devoir. Cette harmonie renaiffante
eft tout-à-coup troublée par d'horribles fifflemens.
D'ORLÉANS lève fa tête audacieufe. Il parle, &
tous les fléaux des enfers, déchaînés & évoqués
par lui, s'apprêtent à punir fa patrie malheureufe
du crime de lui avoir donné le jour.

Peut-être, Meffieurs, attendez-vous de moi un
portrait fidèle de cet être monftrueux. Mais où
trouver des termes plus propres que fon nom à
vous en donner une jufte idée? Ah! fans doute,
en l'entendant vous avez partagé l'effroi dont mes
lèvres font encore glacées : oui, ce n'eft que fur
les regîtres de morts, chargés de ceux des plus
infâmes criminels, que le fien devroit être inf-
crit; encore me femble-t-il voir ces malheureufes
victimes d'une févère juftice fe ranimer toutes enfemble, & réclamer contre l'exceffive rigueur de
ce nouveau fupplice infligé à leurs mânes.

Cependant, tel fut son afcendant incroyable, qu'il fe trouva en quelque forte régénéré, par l'exil dont le Roi crut devoir à fa dignité de punir fon audace. O frivole popularité! Combien infenfés font ceux qui te prennent pour leur idole! puifque l'homme toujours jufte & clément peut te perdre d'une manière fi fubite, & te voir couronner un infâme fcélérat! Mais Louis fera vengé de ton inconftance, & la poftérité, par un jugement auffi févère qu'équitable, prononcé fur ton indigne favori, mefurera fur fon opprobre, le refpect & la vénération qu'elle décernera à fon augufte victime.

La peine légère infligée à ce nouveau chef des mécontens dérangeoit trop leurs projets, pour qu'ils n'épuifaffent pas tous leurs efforts pour la faire révoquer : & la bonté du Roi, toujours flexible, ne feconda que trop leurs defirs. Déja il a recouvré fa liberté ; & encourageant tous les perturbateurs, il confacre fa richeffe à porter la déforganifation par-tout, où il craint de rencontrer des obftacles à fes projets, auffi confus qu'abominables. Ceux mêmes, à qui la garde de la perfonne du Roi eft confiée, font corrompus par fes largeffes perfides ; ils n'attendent plus que l'inftant de tourner contre leur maître, ces armes qu'ils ont reçues pour fa protection. Le feu de la fédition également attifé dans tous les rangs, & non réprimé par un Miniftère découvrant fa foibleffe, par les mefures même qu'il emploie pour la cacher, menace de la plus terrible explofion. L'efprit de révolte fe manifefte ; le fang coule & prépare d'autres fcènes plus affreufes. Les mains inhabiles qui tenoient les rênes du pou-

C iij

voir, les abandonnent enfin en d'autres plus inhabiles & moins bien intentionnées : femblable
au tigre qui guette la proie qu'il veut dévorer,
NECKER reparoît, fuivi des Etats-Généraux.
Ceux-ci amènent après eux cette Affemblée prétendue nationale, & la déforganifation & l'a-
narchie ne rencontrent plus d'obftacles.

Le voilà donc formé, ce ramas de légiflateurs, fi faftueufement vanté, comme choifi dans
tous les ordres & dans tous les rangs. En effet,
l'écume de la fociété a été mife avec fuccès à con-
tribution. Et fi j'en parcours les noms, je vois
qu'on n'a épargné aucun foin pour réunir en une
feule & même maffe les élémens les plus bifar-
res, les plus hétérogènes & par conféquent les
plus incompatibles. Peu de talens réels, finon au
pouvoir des hommes les plus immoraux. Quelques bonnes intentions, rendues nulles par l'incapacité ou l'impuiffance à laquelle on a réduit
ceux qui les poffèdent ; une foule d'hommes
aveuglés par les paffions les plus violentes ; ici,
ce font des êtres infignifians, jufqu'alors juftement perdus dans les rangs les plus obfcurs de la
fociété, & qui, femblables à la lie des liqueurs, ne
doivent leur élévation qu'à l'agitation du vafe
qui les contient. Là, c'en font d'autres qui n'ont
fait ufage de leurs lumières, que pour étouffer,
par d'orgueilleufes théories, les idées les plus
faines & les plus univerfellement reçues, de fu-
bordination morale, politique ou religieufe. Plufieurs portent encore la jufte flétriffure du mépris public, ou des loix obligées de févir contre
leurs excès criminels. Enfin, par-tout je vois le
mécontentement, l'ambition, l'ignorance, la cu-

pidité, l'irréligion & la foif du pouvoir prêtes à s'élancer dans tous les extrêmes du défordre, de la licence & de l'ufurpation.

Ne nous étonnons donc pas de l'aigreur, des menaces, des violences mêmes, qui précédèrent l'inftant où ces états furent enfin conftitués, non plus que du mode de leur conftitution. Leur premier attentat fur l'autorité du Souverain, en déclarant illégales les diverfes impofitions jufqu'alors perçues en fon nom, & s'arrogeant le pouvoir de les légitimer, n'a encore rien de furprenant. Mais ce qui l'eft davantage, c'eft d'entendre le Roi, dans l'effufion d'une confcience fatisfaite, appeler le jour où il inftalla ces douze cents tyrans, le plus beau jour de fa vie. Heureufe ignorance de l'avenir ! Ah ! s'il eût fu qu'un autre jour viendroit, où dans l'amertume de fon ame, il feroit réduit à réprimander affectueufement un Miniftre qui lui rendoit juftice, & de lui dire ces douloureufes paroles : *Corrigez, l'amour du peuple Français : je ne puis plus dire l'amour de mon peuple : mais on a beau faire ce fera toujours l'expreffion de mon cœur !*

Cependant, Meffieurs, telle fut fa crainte de compromettre la tranquillité publique, ou d'arrêter les reformes falutaires qu'il attendoit, qu'il ne fit pas entendre la moindre réclamation contre ces premiers procédés attentatoires à fa puiffance. Comme le bien de fes fujets eft l'unique vœu de fon cœur, il eft au-deffus de toute jaloufie, & confentira plutôt à dévorer un affront fi cruel dans le filence, que d'encourir le reproche d'avoir voulu influer fur les délibérations des repréfentans de fon peuple. Mais cette circonfpection ne fera pas long-tems en fon pouvoir. L'efprit de difcorde & de diffention s'eft manifefté. Il lui convient de rappeller fes enfans à la paix, afin qu'ils puiffent difcuter leurs intérêts, exempts de paffions. Le jour eft pris pour cet acte paternel. Les ordres font donnés pour préparer la falle des féances. Mais l'effet de cette démarche trompera fon attente. Déja on fe récrie fur l'obftruction du theâtre dé ces débats fcandaleux. De fa clôture momentanée, on tire des moyens d'électrifer la populace dont on s'étoit entouré pour propager l'efprit de rebellion, en le communiquant de proche en proche. Une délibération tumultueufe fe tient, avec une confternation affectée, dans un jeu de paulme, & un ferment impie & déloyal change ces fiers fénateurs en une bande de conjurés. Le même efprit de défordre dirige tous leur travaux. Tous les liens fociaux font fur le point d'être rompus. Au-lieu de tracer la ligne de démarquation qui doit circonfcrire les droits du Monarque & affurer ceux du peuple, on fe perd en théories abfurdes, fur ceux de l'homme. On s'apprête à détruire les fruits de quatorze fiècles de civilifation, pour le ramener à l'état d'une fauvage férocité. Le Roi ne peut s'empêcher de frémir de ce renverfement d'idées. Il vient une feconde fois fupplier les Légiflateurs de fe défier de l'efprit de fyftême, & de toute théorie dont une longue pratique n'a pas garanti le fuccès. Il fait plus ; il apporte lui-même fa renonciation généreufe aux droits naturels de fa couronne. » C'eft à affer- » mir les fondemens ébranlés de l'Etat, que je » vous ai invités, leur dit-il, & non à en pré-

» cipiter la chûte par des établiffemens fondés
» fur une vaine & impraticable métaphyfique.
» Aidez-moi de vos lumières ; mais gardez-vous
» des innovations dangereufes. Puis, ajoute-t-il
» avec angoiffe, fi vous ne voulez pas m'affif-
» ter à faire la félicité de mes peuples, il faudra
» bien que je la faffe tout feul ".

Ah ! Meffieurs, qui l'eût cru que ces paroles
fi affectueufes duffent être le dernier fignal de la
rebellion ? C'eft parce que LOUIS veut ftimuler la
marche trop lente des coopérateurs qu'il s'eft af-
fociés, & les rappeller aux principes, quand ils
s'en écartent, qu'on le dénonce à fes fujets comme un tyran. Non content de rejetter les biens
qu'il préfente, on excite l'infurrection de toutes parts.

Tels furent cependant les premiers fruits de la
fageffe de ces réformateurs. Sans doute ils avoient
raifon, lorfque dans leur impudeur, ils annon-
çoient leurs travaux comme devant furpaffer tout
ce que l'hiftoire nous rapporte des tems les plus
antiques, ou ce que l'imagination peut attendre
de plus extraordinaire des fiecles à venir. Hélas !
nous les avions déja recueillis, ces grands réful-
tats ! & ils avoient plus que rempli leurs engagemens, en faifant éclore les journées du 14 Juil-
let & du 5 Octobre, lorfqu'ils forcèrent un
Roi dégradé à chercher fa fûreté dans la fuite ;
lorfque, nonobftant cette faculté, décrétée par
eux, de réfifter à l'oppreffion, ils font ramener
avec ignominie le Monarque malheureux qui fe
contente de la fuir. Au traitement cruel & barbare qu'ils exercèrent envers les auguftes fugi-
tifs, à la captivité dans laquelle ils les plongè-

rent; qui de nous eût pu croire qu'ils n'avoient pas comblé la mesure de l'iniquité, & qu'ils eussent encore en leur pouvoir de nouvelles calamités à répandre sur la patrie ? Mais ils nous montrèrent bientôt, que malgré l'élévation de l'édifice monstrueux de leurs forfaits, ils avoient encore un double couronnement à y ajouter ; c'étoit *la constitution* & *l'Assemblée législative.*

Il étoit enfin arrivé, ce moment, où le malin esprit qui avoit désolé LA FRANCE, par de si horribles convulsions, alloit être obligé de quitter son domicile. Mais elle n'en sera pas plus heureuse : les sept esprits plus méchans & plus pervers qui doivent exercer de nouvelles cruautés sur ce malheureux cadavre, sont invités à venir déployer leur malice infernale. Je les vois accourir de toutes parts, & prendre leurs places dans cet arène de crimes. D'abord paroît l'Algébriste CONDORCET, suivi du philantrope BRISSOT, qu'une sympathie nécessaire, suite de la teinte de son ame, a tellement attaché aux *Noirs*, qu'il brûle de livrer à leurs poignards, les gens de sa propre couleur. Après lui viennent le forcené MARAT, toujours tourmenté de la soif du sang ; le factieux MERLIN, & l'infâme FAUCHET, ci-devant le déshonneur du sacerdoce, & maintenant l'opprobre de l'épiscopat qu'il a volé : à leur suite entrent l'ex-capucin CHABOT, & le vil MANUEL, connu seulement de notre jeunesse licencieuse, dont il a dépravé les mœurs, par le colportage de ces productions corruptrices, recueillies parmi les immondices de notre littérature. Enfin, ils sont tous installés, & environnés de leurs dociles sous-ordres, qu'à peine ils

en croient leurs yeux, tant leur grandeur leur
paroît étonnante. Aussi sont-ils long-tems en
doute, sur les moyens de la soutenir, & termi-
nent-ils chaque période de leur éloquence sédi-
tieuse, par l'invitation importante à se rappeller que la nation est-là, qu'elle les écoute,
& qu'ils doivent se mettre au niveau des circonstances.

O modestie incroyable ! Eh quoi ! vous doutez
de pouvoir remplir la tâche qui vous a été confiée ! Sans doute les iniquités commises par vos
prédécesseurs, peuvent un moment vous en im-
poser : mais bannissez une vaine inquiétude. Ils
vous ont encore laissé un monde de forfaits à parcourir. Des MONTMORANCI, des LIAN-
COUR, des LA FAYETTE, ne pouvoient re-
noncer à toute pudeur, au point d'envoyer leur
Roi porter sa tête sur un échafaud : mais votre
néant vous ouvre l'immense carrière de tous les
forfaits. Vous pouvez même en franchir les limites ou les reculer. Novices, si vous craignez
de n'en pouvoir imaginer d'assez odieux, l'esprit
de ceux à qui vous succédez vous dirigera. Ils
vous ont laissé l'acte constitutionel, PETION,
ROBESPIERRE & D'ORLÉANS; il vous sera
facile d'ajouter à leurs crimes la RÉPUBLI-
QUE & L'EGALITÉ.

Cependant le Roi échappé au dangers qui ac-
compagnèrent son retour de *Varennes*, à la détention qui en fut la suite, à son acceptation libre
de la constitution, au milieu de trois cents mille
bayonnettes, & de cent pièces de canons poin-
tés sur lui, portoit avec résignation la couronne
épineuse dont elle l'avoit décoré. Il souffroit

toutes les infultes dont il plaifoit à fon peuple de l'abreuver. Cette lifte civile, dont le montant préfenté avec tant d'emphafe, comme une générofité nationale, quoiqu'il ne fut qu'un foible équivalent du patrimoine immenfe dont on l'avoit indignement dépouillé, il l'employoit en partie à verfer de charitables bienfaits, fur fes amis opprimés, & même fur la claffe indigente de fes oppreffeurs. Mais il lui reftoit une Cour ; non à la vérité comme celle d'autre fois, le centre de la magnificence & du bonheur. Ceux qui la fréquentoient, formoient ce petit nombre de fujets fidèles & loyaux, qui, empreffés de lui faire le facrifice de leur propre infortune, retrouvoient une forte de félicité à payer à leur malheureux maître le tribut de leurs larmes. Ces Courtifans d'une nouvelle efpèce donnent cependant de l'ombrage. On parle de complot, de deffein d'enlever le Roi, de comité Autrichien dont les confeils font dirigé par la Reine. L'invafion du 20 Juin eft méditée, organifée, comme le feul moyen de déjouer ces confpirations chimériques. Une populace fans frein, & ne refpirant que le carnage & le vol, s'achemine vers le palais du Monarque, en force l'enceinte ; mais le Roi, par un courage paffif incroyable, tant il eft au-deffus de l'homme, prévient encore pour cette fois les maux préfagés par cette horrible journée. Il défend même qu'on recherche les auteurs. Il veut tout oublier, fes dangers, ceux de fa famille, jufqu'à fon héroïfme. Ah ! du moins puiffe un pardon fi généreux être le dernier dont fes fujets aient jamais befoin !

Vœu fuperflu, Meffieurs. Le crime projetté

pour le 20 Juin étoit trop irrévocablement arrêté, pour que ceux qui en avoient conçu le
plan infernal, renonçaffent à le voir confommé. Si, au gré de leurs deiirs, LOUIS n'a pas
mordu la pouffière dans cette occafion; fi, parmi
cette multitude d'hommes féroces, aucun pour
ce moment, n'a eu le courage d'abreuver le fer
affaffin dont il eft armé, du fang du Roi; les
calamités qui attendent les auguftes victimes,
n'en feront que plus affreufes, par les raffinemens
de cruauté barbare, dont on faura bientôt fe
faire repayer le délai. Que dis-je ? ce délai étoit
concerté. Car, gardez-vous de croire qu'il doive
être atribué à aucun de ces retours refpectueux,
infpirés quelquefois par la préfence de la Majefté Sacrée. Si de grands fcélérats, malgré la mé-
ditation la plus réfléchie du crime, ont pu tout-
à-coup céder à cette terreur religieufe, dont pour
le bien de l'efpèce humaine, le Ciel s'eft plu à
entourer les Rois; la philofophie moderne, peu
fatisfaite de nous enlever le principe de toutes
nos vertus, n'a pas voulu nous laiffer ce frein
falutaire. Ne confidérons donc l'horrible attentat
du mois de Juin, que comme une répétition
préparatoire, uniquement deftinée à reconnoître les moyens additionnels de terreur dont la repréfentation finale de la grande tragédie étoit
fufceptible. En effet, la non-réfiftance du Roi,
n'eût permis que le maffacre de fa famille; &
tout précieux que fût le fang, qui alors eût cou-
lé, il n'eût jamais fuffi pour étancher la foif dé-
vorante de cette horde de cannibales. Si donc les
conducteurs de ces animaux féroces fe contentèrent alors de leur montrer la proie qu'ils leur

deftinoient, fans la leur abandonner, ce ne fut qu'afin d'aiguillonner plus efficacement leur vora-cité. Auffi l'attentat manqué fera-t-il bientôt re-pris avec une fureur que nul pouvoir humain ne fauroit retenir.

Eh! qu'importe en effet que LOUIS ait con-fenti à la fuppreffion de l'ariftocratie nobiliaire ? il en eft une autre dont il continue d'être le cen-tre, & qu'il a encore l'audacieufe témérité de vouloir protéger; celle de la vertu. Depuis près de deux ans, il la couvre de fa foible égide, & la garantit des attaques de ces hommes fangui-naires, dont on l'a forcé fucceffivement de s'en-tourer. Tel eft même l'afcendant de fon huma-nité, de fon refpect pour les loix, de fon defir d'alléger les calamités publiques, qu'il en a forcé plufieurs à abjurer leurs malfaifantes intentions, & à devenir gens de bien. O crime! O tyrannie la plus infupportable & digne de mille morts! Aiguifez vos piques, impitoyables habitans du *Fauxbourg St. Marceau!* Et vous Bagnes de Mar-feilles, vomiffez de vos flancs impurs de nou-veaux fédérés : accourez tous, vous qui par une longue habitude des atrocités les plus inouies, vous êtes mis au-deffus de la pufillanimité du remords. Ce n'eft pas feulement un Roi, & fon augufte Famille qu'on livre à vos coups : c'eft la beauté, la foibleffe, la loyauté, en un mot tout ce qui peu commander le refpect & la vénéra-tion. Ecoutez : le fatal tocfin vous appelle! Que la féroce harmonie des hurlemens précurfeurs de la mort anime vos courages, & fi ce n'eft affez, fongez qu'un même forfait, en renverfant le trône, vous appelle au pillage du monde & à l'égalité.

Hélas! il s'eſt donc levé ce jour ſanglant du
10 d'Août. Ce jour que le Roi conſacra jadis
dans les faſtes de la bienfaiſance par l'abolition
de la ſervitude dans ſes domaines, & qui va dé-
formais devenir plus fameux, pour avoir été l'é-
poque de ſon propre eſclavage. Mais quelqu'horrible qu'il ait été, il n'étoit deſtiné qu'à ſervir
d'aurore à d'autres plus affreux. Tous les efforts
du Roi pour le conjurer, ſont inutiles. Ses invi-
tations aux Légiſlateurs, de le ſeconder à en prévenir les fléaux, ne produiſent dans l'ame des uns
qu'une froide indifférence, & dans celle des autres qu'un odieux triomphe, qu'ils ont l'impudeur même de ne pas déguiſer. Toute réſiſtance
eſt vaine. L'airain vomit le trépas de toutes
parts. Tout ce qui lui eſt échappé eſt moiſ-
ſonné par le fer.

Cependant, toujours avare du ſang Français,
le Roi, pour retenir le bras de ſes défenſeurs,
& ravir aux aſſaillans le prétexte de leur ag-
greſſion, cherche un aſyle pour lui & ſa Famille
malheureuſe, dans le ſein de cette aſſemblée,
qui a provoqué tant de maux. Il croit y trouver des protecteurs, & ne trouve que des ennemis, qui, ſous ſes yeux mêmes, votent par
acclamations ſon infâme déchéance, & le con-
damnent à une horrible captivité.

Sans doute l'orage a été aſſez violent pour
produire un inſtant de calme. Mais celui qui va
ſuivre ne durera qu'autant qu'il eſt néceſſaire
pour raſſembler les élémens qui doivent ſervir
à former d'autres tempêtes. Les Légiſlateurs, à
la vue du chaos qu'ils ont produit, ne doutent
point d'avoir épuiſé les reſſources de leur génie

cruel. Un intervalle devient donc indifpenfable,
pour leur donner le tems de recruter leurs forces, & de fe procurer de nouveaux auxiliaires,
dont les ames non affaiffées par la pratique de
tant de crimes, viennent ranimer la vigueur languiffante de leurs confeils, & leur frayer la
route à de nouveaux forfaits.

Ne croyez pas, Meffieurs, que leur attente
foit déçue. Toujours féconds en moyens, & fûrs
dans le choix, vous vous livreriez vainement à
l'efpoir que le terme mis, par eux, à leur carrière
prétendue légiflative, doive fournir à la France
le tems de refpirer, ou la perfpective d'un avenir
moins défaftreux. Ce n'eft pas feulement à écra-
fer le nom Français, fous une ignominie éternelle, que cette foi-difante Convention nationale eft appellée : c'eft à couvrir l'Europe entière de rapines, de carnages, de facrilèges, de
profanations ; à diffoudre tous les liens les plus
chers de la fociété ; à rendre univerfelle cette
fraternité horrible, qui dans l'enfance du monde
fit couler le fang du jufte Abel, fous les coups
de l'homicide Caïn.

Ah ! du moins, fi fatisfaits des plaies profon-
des qu'ils ont récemment faites à la patrie, ces
farouches auteurs de nos maux, en nous quit-
tant, vouloient par pitié nous laiffer un moment
de paix, afin de pouvoir recueillir nos larmes
pour la grande cataftrophe commife à leurs fuc-
ceffeurs ! Mais non, ces tigres inexorables l'ont
juré ; & c'eft le feul ferment auquel il feront fidèles. Ils n'accorderont de trève à nos pleurs, que
pour en r'ouvrir plus cruellement les fources. Un
facrifice eft dû, afin de remercier les puiffances
infernales

infernales qui ont guidé leurs travaux, & de
concilier la même faveur à leurs fubftituts. Le
2 Septembre eft l'époque fatale prife pour l'offrir;
les nombreufes victimes font toutes prêtes. La piété, la religion, l'innocence, la loyauté forment
les guirlandes propitiatoires dont leurs chefs dé-
voués font ornés. Et ce font tous ces titres qui
leur ont mérité le funefte honneur du choix. Des
Prêtres vénérables par leurs vertus & par l'âge,
une Princeffe aimable & malheureufe, dont le
feul crime fut un jufte attachement à la perfonne
de fa Souveraine; une multitude d'hommes que
leur fidélité réelle ou foupçonnée, pour leur
Roi, a fait charger de fers; voilà quelles victimes font livrées par ces monftres à une mort
auffi violente que barbare.

C'étoit néanmoins fous ces affreux aufpices,
que fe décrétoit & fe préparoit l'élection de cette
horde déforganifatrice, qu'on appella du nom de
Convention nationale. Qui ne dut prévoir à l'afpect des chofes, de quels élémens elle feroit com-
pofée? Les gens de bien réduits à gémir en filence, & même ne le pouvant faire fans danger, n'a-
voient garde de fe préfenter aux Affemblées élec-
torales. Les agitateurs maîtrifoient tous les efprits, & fermoient toutes les avenues à ce qui
n'étoit pas leurs créatures. Les droits du citoyen
étoient exercés par un ramas de bandits, fans
propriété, fans afyle; & ils ne permettoient
l'accès à ce qu'ils appelloient la nouvelle légif-
lature, qu'à ces hommes atroces, dont l'endur-
ciffement dans le crime, leur garantiffoit la faculté de s'y livrer, à l'abri de la crainte de tout
châtiment. Auffi les promoteurs les plus ardens

D

des dernières commotions font-ils inveſtis de la majorité des ſuffrages ; & la priorité de leur élection eſt-elle en raiſon de la violence reconnue de leur caractère & de leurs principes. Ceux-là ſeuls en font exclus, qui ont prouvé leur incivifme par le rappel à l'obéiſſance des loix, & au reſpect de l'ordre : & pour remplir les vacances occaſionnées, par ces excluſions, on invite le rebut des humains, ſans aucun égard à quelles ſociétés ils ont appartenu, pourvu qu'ils en aient été les fléaux.

Un tableau trop funeſte, Meſſieurs, va bientôt fixer votre attention, pour me permettre de l'engager dans le labyrinthe des décrets féroces, portés par cette horde antiſociale. Soit qu'elle offre ſon amitié cruelle aux peuples qu'elle veut entraîner dans ſes déſordres ; ſoit qu'elle tente deffrayer ceux qui ſe refuſent à ſon invitation ; ſoit qu'elle recherche par quelles voies elle pourra franchir l'intervalle mis par des multitudes d'opprimés, entre eux & leurs oppreſſeurs, enveloppant indifféremment dans la même proſcription ceux dont la fuite fut libre ou involontaire ; leurs diſpoſitions rapaces & leur ſoif du ſang affligent également l'humanité.

Mais de toutes les déciſions arrêtées par cet aſſemblage d'hommes perdus à la vertu, à la ſenſibilité, aux mœurs, quelle autre pouvoit être plus effrayante, que le projet annoncé de mettre en cauſe leur royale victime ? L'Europe entière, frappée d'un étonnement muet, conſidère cet événement avec la plus douloureuſe anxiété. Dieux ! quelle cacophonie tumultueuſe ſe fait entendre ? Sont-ce donc des voix humaines ? Non ;

ce font les hurlemens des tigres, des lions, des hiènes cruelles, qui fe difputent entre eux une foible & innocente proie. Tous à la fois réclament les fonctions d'accufateurs, de juges & de bourreaux. Il n'eft encore queftion que de favoir fi LOUIS eft amenable au jugement des hommes, & déja fa vie eft menacée : c'eft par l'aveu public des préventions les plus barbares ; par l'admiffion de charges encore inconnues, & qu'on dit n'avoir befoin d'aucune preuve, ni d'aucune difcuffion ; c'eft par les invectives les plus violentes, calculées non-feulement pour étouffer la pitié, mais même la juftice, & auxquelles les tribunaux les plus fanguinaires euffent eu honte de fe livrer ; c'eft fur une conftitution violée dans tous fes points, flétrie du fceau d'une fouveraine ignominie, rejettée en ce qu'elle offre de favorable au prévenu, & admife, invoquée & tourmentée, par toutes les interprétations les plus cruelles, les plus abfurdes, les plus ridicules, que fous le nom illufoire de procédure, on va fe jouer du fort d'un homme & d'un Roi !

Mais pendant que tous les membres de ce corps inique épuifent fur ce malheureux exemple de la viciffitude des chofes humaines, les diatribes fanglantes de leur éloquence affaffine, les agens fubalternes de leur cruauté recherchent avec une induftrie digne des Phalaris, par quels outrages ils pourront ébranler fon ame ? Ailleurs des écrivains infâmes s'efforcent d'attirer fur lui le mépris public. Si dans les horreurs d'une affreufe captivité, déchargé des foins de Roi, il remplit ceux de père ; & qu'aidé de fon augufte époufe,

& de fa refpectable fœur, il s'occupe de l'éducation de fes enfans, on invoque fur lui le ridicule. Sa piété elle-même devient l'objet d'infolens farcafmes. La pudeur des compagnes de fa détention eft à tout moment révoltée par les propos licencieux d'une foldatefque effrénée, & leur dignité eft livrée à toutes fortes d'infultes.

C'eft cependant fur la tête de ce Monarque humain, de celui qui, s'appitoyant fur le fort des plus vils criminels, avoit pendant fa toute puiffance, défendu à la loi d'exercer fur eux d'inutiles rigueurs, que tant d'indignes traitemens font amoncelés! Toutes confolations lui font interdites, excepté celles qu'il tire de fa religion; encore, les cruels, voudroient-ils les lui ôter, s'il étoit en leur pouvoir. Mais quel bruit vient tout-à-coup troubler l'horreur de fa folitude? que fignifient ces trépignemens de chevaux, cette multitude furieufe d'hommes armés? à quelle fin ce cortège finiftre, qui glace fa famille d'effroi, & dont le récit feul frappe de terreur tous fes amis, malgré la diftance qui les fépare, & qui cependant ne fauroit troubler la férénité de fon ame? O charme indeftructible d'une confcience pure & d'un cœur fans reproche! LOUIS part; il va paroître, feul exempt d'inquiétude, au milieu de cet arène où tous les fpectateurs ont peine à réprimer la rage qui les déchire. Il entend, avec une noble tranquillité, la lifte nombreufe des crimes de fes fujets, tournés en accufation contre lui. Il répond avec dignité, préfence d'efprit, & fans aigreur: nulle récrimination, nul refus de reconnoître le tribunal; & s'il dépouille en partie le caractère de Roi, c'eft pour revêtir celui de l'homme jufte.

Hélas! il ne triomphera pas : la terre impie, qui a pu enfanter un pareil ordre de chofes, eft deftinée par un Ciel inexorable, à attirer fur elle toutes fés vengeances, en parcourant tout le cercle des crimes imaginables. Ce n'eft que pour en impofer aux foibles, qu'on feint de s'aftreindre aux formes d'une juftice illufoire. Le parricide, tant de fois projetté, va enfin irrévoquablement s'accomplir. Déja le comité de légiflation a interdit, au malheureux prévenu, la voie de la récufation permife au dernier criminel, contre tous les témoins fufpects, ou ceux d'entre fes juges que leurs liaifons avec fes accufateurs pourroient lui faire craindre d'avoir préjugé dans fa caufe. PETION qui organifa l'infurrection du 20 Juin, avec fon fubalterne MANUEL, MARAT, ROBESPIERRE, MERLIN, vont prononcer fur le deftin de l'Empire, fi fouvent ébranlé par eux. Ah! c'eft pour cette fois, Meffieurs, que la patrie eft en danger! Les vingt & un fcélérats chargés de confommer le grand œuvre d'iniquité, en ont préparé le fuccès de la manière la plus infaillible. Altération, fuppofition, falfification de pièces, prétendues probantes; fuppreffion des plus authentiques à la décharge de l'accufé; allégation de faits faux, interprétations criminelles, tirées d'indices douteux, & fouvent préfentant d'une manière plus naturelle, des vues innocentes & même généreufes; tels font les moyens, par lefquels, ces juges, auffi iniques que les Pharifiens & les Scribes d'autrefois, ont affuré la pleine réuffite du plus affreux des attentats.

C'en eft fait, Meffieurs; tout eft perdu : il ne nous eft plus permis de terminer cette doulou-

D iij

reufe exclamation , par la penfée d'un de nos
Rois : car bientôt le panache de l'honneur va
tomber fous le tranchant d'un fer impie. En vain
voudrions nous encore nous livrer aux illufions
trompeufes de l'efpérance , fondées fur le zèle &
les talens des trois hommes généreux , à qui le
Roi a confié le foin de développer les motifs de
fa défenfe. Cette prétendue faculté accordée à
LOUIS , eft une nouvelle infulte , un nouvel outrage fait à fa dignité , & à la juftice : c'eft un
raffinement de cruauté dans fes affaffins. Ils veu-
lent encore une fois repaître leurs yeux féroces
de la vue de leur augufte victime. Ils defirent ,
ils ofent efpérer un triomphe de plus , & c'eft
pour fe le procurer , s'il eft poffible , qu'ils ont
recours à cette vaine forme judiciaire. Mais vous
ne l'obtiendrez pas , monftres altérés de fang !
vous avez beau vous recommander fans ceffe de
vous élever au niveau des circonftances : LOUIS
fera toujours au-deffus d'elles & de vous. Tous
vos efforts, pour affaiffer fon courage , font fu-
perflus : vous ne le verrez jamais fuppliant vous
demander la vie. S'il a confenti à fe juftifier , fûr
que comme vous n'aviez eu garde de difcuter les
charges admifes contre lui , vous ne difcuteriez
point , non plus , fes moyens , ni ceux de fes dé-
fenfeurs , il n'a fait ce facrifice qu'à l'Europe , à
qui il doit compte de fa gloire , en lui dévoilant
la turpitude de vos calomnies. Devant vous ! un
Roi fuppliant ! & vous avez pu former cet efpoir ? vous reptiles immondes produits des exha-
laifons peftilencielles de la terre ! Ah ! fes jours
(la penfée me fait frémir d'effroi) font en vos
mains : l'honneur de vos compatriotes eft en vo-

tre pouvoir : mais le Roi fauvera le fien , & fa fplendeur fera le foleil radieux qui éclairera votre ignominieufe fcélérateffe aux yeux de la poftérité. Hâtez-vous donc de fixer fur vos têtes coupables , tous les orages épars dans les vaftes régions du Ciel. Ils n'attendent plus qu'un feul acte de vous , pour fe réunir & éclatter.

Elle eft prononcée, Meffieurs, la terrible évoquation magique. La foudre s'eft fait entendre, & a porté malgré elles , la terreur dans ces confciences affreufes. Ils cherchent encore à éluder le trait vengeur, en prononçant d'une voix balbutiante. Mais D'ORLÉANS a vomi le charme infernal de fa bouche maudite. LA MORT! je vois les cheveux fe hériffer fur la tête de fes complices. MANUEL lui-même, naguère fi hardi pour le crime , a déja fenti la première atteinte du remords, il fuit. Mais c'eft en vain; une juftice trop tardive, mais fûre , le pourfuit, & l'inftant où elle l'atteindra n'eft pas éloigné.

Mais , Meffieurs, ne fouillons pas plus longtems nos regards par la vue de cet amas de régicides. Un fpectacle plus touchant nous appelle. Quoique dans le malheur, la vertu eft toujours magnifique à contempler, ofez pénétrer avec moi dans ce temple de douleurs, pour admirer le courage de LOUIS. Eft-ce lui que je vois? Quel afpect calme & ferein ! l'augufte religion verfe le baume d'une douce paix dans fon cœur royal. Voyez-vous cette vierge aimable qui s'avance vers lui, pour lui prodiguer fes fecours officieux ? qui pourroit ne pas la reconnoître à fon augufte & doux abattement ? C'eft la tendreffe fraternelle; la vertueufe ELISABETH , la fœur de notre Roi:

cette Princeffe intrépide, qui le 10 d'Août, après s'être offerte aux poignards affaffins qui menaçoient la vie de fa Reine, faifoit un bouclier de fon corps à fon malheureux Souverain. Un Enfant s'approche. Son front eft orné d'une douce & innocente candeur. LOUIS le regarde; fes yeux fe mouillent de pleurs, il lui en arrofe le vifage, le preffe contre fon fein paternel, implore l'affiftance du Ciel fur ce précieux rejetton d'une longue fuite de Rois. Mais d'où vient cette voix tendre & gémiffante, qui a fait treffaillir tout-à-coup tous les perfonnages de ce groupe attendriffant ? Divinité propice ! c'eft l'accent de la douleur ! il eft forti de ce lit de fouffrance. Le nom de père retentit dans mon oreille. Quoi! la fille de mon maître dans une fi cruelle fituation ! Ah! Dieu permet donc à la maladie d'affliger auffi les anges? O vous, femme charitable, qui que vous foyez, puiffe le Ciel vous combler de fes bénédictions, pour votre empreffement auprès de cette royale infortunée ! Mais que vois-je ? pardonne fille des Céfars, fi mon cœur fi fouvent attendri fur tes mifères, n'a pas d'abord rectifié mon erreur. Sans les étreintes de l'amour maternel, à la vue d'une fille fouffrante, qui auroit reconnu ce corps épuifé fous le poids de l'infortune, & ce vifage, autrefois le fiège de la beauté, maintenant flétri & fillonné par des ruiffeaux de pleurs brûlans ?' voilà donc l'ouvrage de nos crimes !

Mais un vieillard vénérable s'avance ? La fidélité, le refpect, la loyauté brillent dans tout fon maintien. Sans doute, il va verfer quelques confolations dans ces ames affligées, ne fut-ce

que celle d'un doux intérêt à leurs maux. Les
larmes ruissellent le long de ses joues; il se pros-
terne, il parle. ⸺ Dieux! quelle confusion vient
de s'élever tout-à-coup parmi cette famille déso-
lée? Sœurs, enfans, épouse, tous, en proie au
plus affreux désespoir, entourent leur Chef infortuné, s'attachent à lui par des embrassemens
convulsifs. Lui seul montre une sorte de tran-
quilité. La mort n'a rien qui l'épouvante : il l'a
prévue. Réconcilié avec toute la nature, élevant
ses vues vers un monde meilleur, pardonnant à
tous ses ennemis, à ses sujets ingrats & perfides,
il ne tient plus à la vie que par une douce anxiété
sur le sort des infortunés réduits à lui survivre.
Il ne voit dans l'instant de la quitter, qu'un port
paisible, d'où il pourra désormais contempler,
avec une sorte d'indifférence, les tempêtes des
passions humaines.

Sans doute, Messieurs, la vie des Rois con-
quérans, de ces Princes, qui toujours couron-
nés par le bonheur, n'ont point formé d'entre-
prises si difficiles, qu'ils ne les aient exécutées,
pourroit nous offrir un tableau mieux adapté à
la foiblesse de notre vue mortelle. Mais malheur
à ceux qui feroient assez insensibles pour ne fixer
que des regards d'indifférence sur la vertu per-
sécutée dans le meilleur des Rois, ou pour re-
fuser un doux attendrissement à sa mémoire!
Que si un sentiment trop vif d'indignation, nous
portoit à fuir la vue des dernières scènes de cette
sanglantes tragédie, recherchons dans le courage
& la résignation de LOUIS ce qui pourroit manquer à la nôtre. Puisque nos vœux ont été im-
puissans pour le sauver d'un odieux trépas, osons

le fuivre, au moins en efprit, jufqu'à fon heure fuprême. Payons lui jufqu'au dernier moment le tribut de nos regrets & de notre amour; & qu'au milieu de ces hommes féroces dont il eft environné, il fe trouve du moins quelques têtes pieufes, fur lefquelles les bénédictions qui vont fortir de fa bouche mourante puiffent fe repofer.

Mais une froide défaillance s'empare de mes fens, & porte l'effroi dans mon ame. Il s'avance, le cortège parricide. Dieu des miféricordes! avec quelle violence cruelle on arrache le Roi aux embraffemens de fa famille, qui fait de vains efforts pour le retenir! Le char fatal a déja reçu l'holocaufte dans fon fein. L'autel facrilège paroît. Ah! Meffieurs, avec quelle intrépidité LOUIS ofe l'envifager! O ciel! il y monte, il ouvre fa bouche paternelle pour implorer la clémence Divine fur ce peuple égaré.... Barbares! arrêtez vos fanfares cruelles: craignez, en voulant nous ravir notre unique, notre dernière confolation, d'affourdir le trône de la toute-puiffance, & de rendre nul le pardon que l'innocence outragée implore fur vos têtes maudites. Mais des mains impies & fanguinaires fe portent avec violence fur l'Oint du Seigneur.... Il a reçu le coup mortel....

Monftres! receuillez donc maintenant les fruits de votre dernier forfait! Et toi ciel vengeur. Ah! garde toi d'exaucer les pieufes fupplications de l'augufte martyre qui vient d'être immolé! Songe qu'il y va de ta juftice! Affez long-tems cette race impie a nié ta providence, & bravé tes foudres. Que tardes-tu à les lancer? Hâtez-vous

tous, des abymes de la deſtruction, vous fléaux
déſolateurs! la voix du ſang innocent vous appelle. Frappez, écraſez toutes ces têtes coupables. Qu'une vengeance affreuſe laiſſe après elle
un exemple mémorable & terrible de l'intérêt
que prend le Ciel au deſtin des Rois; & de
cette juſtice ſévère, qui attend les nations aſſez criminelles, pour ſe ſouiller du ſang précieux de ces repréſentans ſacrés de la Divinité
ici-bas.

F I N.